1時間で
ハングルが
読めるように
なる本

ヒチョル式超速ハングル覚え方講義

チョ・ヒチョル=著

Gakken

アンニョンハセヨ?

　これは街角の実際の手書き風の**ハングル**です。なかなか読めませんよね。

　意味は「雪のように君のところへ行きたい。ためらわずに、もたもたしないで」。

　そうそう、**ハングル**のところへもそのとおり！ **ためらわずに、もたもたしないで、飛び込んで！**

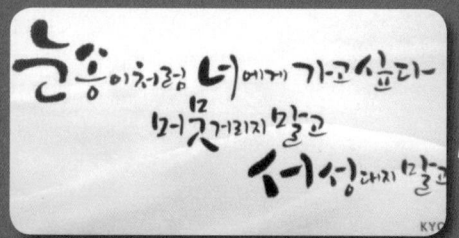

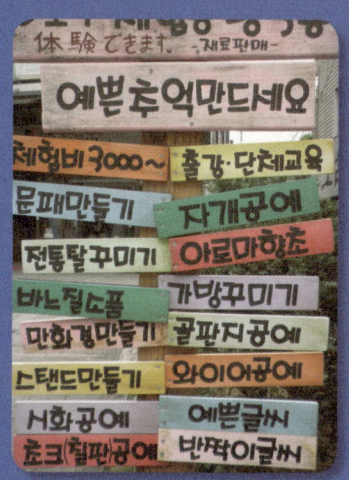

では、もうひとつ。ソウル市内のインサドン（仁寺洞）という街にある看板です。読める文字は？
あった！　あった！
なるほど！「**体験できます**」でしたか。
それだけじゃ悲しすぎる。

これから**ハングル**を覚えましょう!!!!

みなさんは、ページをめくっていくと、ものの**5分も経たないうちにハングルがいっぱい読めてしまう奇跡**を体験できます。
とりあえず、素直な気持ちで**5分くらい**付き合ってください。

チョ・ヒチョル

目次

はじめに ………4
本書の特長と使い方 ………8

1章 母音と子音 ………9

① マルイの法則 ………10
② ハングル子音5兄弟 ………13
　1. 「ㄱ」はカマの[k] ………15
　2. 「ㄴ」はナスの[n] ………16
　3. 「ㅁ」はマッチバコの[m] ………18
　4. 「ㅅ」はサクランボの[s] ………19
　5. 「ㅇ」はアンパンだから「アイウエオ」と「ン」………20
③ ハングル母音6兄弟 ………22
　1-2. 縦イ、ウ横(縦言う横) 「ㅣ」と「ㅡ」………25
　3-4. 左オ、ア右(左or右) 「ㅓ」と「ㅏ」………29
　5-6. 上オ、ウ下(上追う下) 「ㅗ」と「ㅜ」………37

コラム1 ハングルで自分の名前を書いてみよう ………50

2章 母音の仲間たち ………51

　1. ヤ行の母音 ………52
　　点々の縦横は「ヤユヨ」「ㅑ」「ㅕ」「ㅛ」「ㅠ」
　2. 母音「エ」と「イェ」………60
　　エイチの「エ」「ㅐ」「ㅔ」
　　エイチの「エ」+点々の縦横は「ヤユヨ」=「イェ」「ㅒ」「ㅖ」

3章 子音の仲間たち ………67
1. 「ㅂ」はパッとの[p] ………68
2. 「ㄷ」はタオルの[t] ………71
3. 「ㄹ」はラセンカイダンの[r] ………74
4. 「ㅈ」はスウォッチの[tʃ] ………77
5. 「ㅎ」はフタの[h] ………80

4章 パッチムをマスターしよう ………83
1. ハングルの仕組み ………85
2. 子音5兄弟のパッチム ………88
3. 子音の仲間たちのパッチム ………94

コラム2 仮名のハングル表記法 ………100

5章 似て非なる激音、濃音 ………101
1. 激音 「ㅋ」「ㅌ」「ㅍ」「ㅊ」 ………102
2. 濃音 「ㄲ」「ㄸ」「ㅃ」「ㅆ」「ㅉ」 ………108

6章 ダブル母音とダブルパッチム ………115
1. ダブル母音 ………116
   ❶ 「오」の仲間「와, 외, 왜」 ………117
   ❷ 「우」の仲間「워, 위, 웨」 ………118
   ❸ 二重母音「의」 ………120
2. ダブルパッチム ………121
   ❶ 左の文字を読む場合 ………122
   ❷ 右の文字を読む場合 ………123

7章 これだけは覚えておきたい発音規則 ………125
1. アナダ、ワダシの法則〈有声音化〉 ………126
2. パイナップルの法則〈連音化〉 ………128

本書の特長と使い方

ハングルをマスターするのに最適な、最初の一冊

本書は、ハングル文字を読めるようなることを主眼にしたハングル学習の入門的な分野を扱っています。とはいえ、ハングルに親しんで文字を読めるようになることは、とても大切です。たとえば、英語学習でも「ディス イズ ア ペン」などといつまでもカタカナで勉強していては、進みませんよね。同様に「アンニョンハセヨ」「ケンチャナヨ」といった韓国語を片言でも話せると楽しいものですが、ハングル文字を知れば、さらに発展させていくことが簡単にできるのです。

数多くの実際の看板などを掲載、
楽しみながら覚えられる

そんなおおげさに考えなくとも、映画やドラマに登場する文字や、実際に韓国に旅行で訪れたときに出会う看板や標識などがちょっと読めるようになるだけでも、楽しさは倍増するはずです。看板や商品名などに使われている言葉には、日本語におけるカタカナ英語と同じように、読めれば意味がわかるものも多いので、覚えたら覚えたぶんだけ、それを実感することができます。本書では、覚えるべき文字の近くにたくさんの用例となるような写真を散りばめました。

覚えやすい順に、そして文字の形から
連想する方法ですんなり学習

大学の授業やテレビの講座などで培ったノウハウをまとめ、ハングル文字を覚えやすい順に配列しました。そして文字の形に似たものをあてはめた独自の連想法で、気軽に読み進めていくだけで、頭に入っていくように構成してあります。

とにかく、肩の力を抜いて、気楽に、読むだけ!

ほかのハングル学習書ではお目にかかれないような、ハングル文字の形と似たものを連想しながら覚えていくやり方なので、ドリル形式で何度も書いたりすることなく、簡単に覚えられます。この本で得た知識をベースに学習を進めていけば、以降の理解のスピードも必ず異なります。まずは、本書を読むことで、第一歩を踏み出して、ハングルに親しんでみてください。

●ハングルの書体について
下記の、点線で囲んである部分のような違いは、
書体が違っているだけで、同じ文字です。

ㅇ = ㅇ   ㅈ = ㅈ   ㅈ = ㅊ   ㅏ = ㅏ

1章

母音と子音

1 マルイの法則

이

さて、みなさんは
この**ハングル**が読めますか。

…わからないという声が聞こえてきますね。

では次の看板は？ 関東や関西の方は見覚えがあると思います。韓国人にはこれが**ハングル**に見えてしょうがありません。

これはファッションビルのマルイじゃないかって!?
そうそう、そのとおり！

이
マル　イ

⟵ そうです。**マルイ**ですね。

ハングルにも、マルイと同じように**左にマル「○」、右に縦棒「│」**、つまり「이」という文字があります。
それを「イ[i]」と読みます。

次の中から「이」というハングルを見つけましょう。

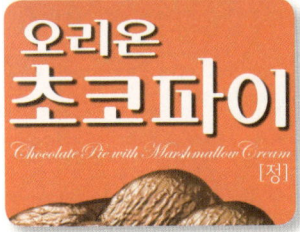

あっ、これはぼくの大好きな韓国の焼酎「チャミスル」だね！（「チャムイスル」が連音化してます）

「아이노스」は「アイノス」と読みます。「초코파이」は「チョコパイ」。いずれも「이」が「イ」ですね。

ハングルにおいては、左か上に「○」のついているものが母音を表す文字です。

1章　母音と子音

● では、さっそく、問題です。

次のうち、「ア」「イ」「ウ」「エ」「オ」にあたる文字に〇をつけなさい。

아 가 다 이 라 우 무 부 에 데 오

ヒントは「〇」のついている文字に〇をつけることだよ！

そうです。ここでは「아、이、우、에、오」の5文字です。

ということは、「〇」のしるしはその文字が母音であることを表します。ハングル文字は左や上に「〇」がついていれば、それが日本語の「あ、い、う、え、お」にあたる母音なのです。

アルファベットの「a, i, u, e, o」、仮名の「あ、い、う、え、お」、「ア、イ、ウ、エ、オ」には文字の形から見てなんの共通の特徴も見当たりませんが、ハングルは母音にはいずれも「〇」がついているのでわかりやすいですね。

「이」の場合、左の「〇」は母音であることを表すためにつけたもので、実際の発音は右の縦棒「｜」が「イ」なので、発音は[i]ということです。

ハングルの「〇」は、これが母音だよ、というしるしだね。

2 ハングル子音5兄弟

　それでは、今度は子音です。「だんご3兄弟」ならぬ、次の**「ハングル5兄弟」**を覚えておけば、韓国旅行で「ハングル酔い」しなくても済むでしょう。ハングルの子音文字の中で、いちばん基本的な5文字を先に覚えましょう。これだけでもハングルが読める楽しみを実感できるはずです。

◉次の文字が読めますか。

　　①　　　②　　　③　　　④　　　⑤
　　기　　　니　　　미　　　시　　　이

　⑤이を除いては読めませんね。しかし、右についている縦の棒「ㅣ」はいずれも[i]、「イ」であることはわかりますね。あとは左の文字さえ覚えれば、これらの文字が読めるようになるということです。
　まず、次の①から④までの4文字をしっかり覚えましょう。この4つの文字だけ覚えても、街にあふれるハングルの看板に親しみが持てるはずです。

さて、日本語の「カ」という文字は「ka」、つまり子音「k」と母音「a」の組み合わせですね。ここでは、「カ(ka)、ナ(na)、マ(ma)、サ(sa)」などの「k, n, m, s」などにあたるハングル文字を覚えていきます。

覚え方は次のとおりです。

①기 ②니 ③미 ④시 の文字から母音文字の「ㅣ」を取れば、残るのは「ㄱ」「ㄴ」「ㅁ」「ㅅ」です。
つまり、

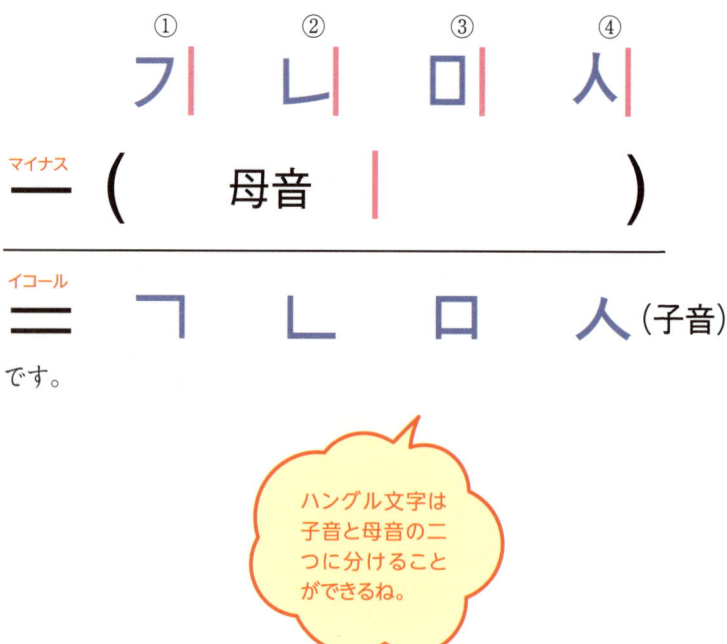

です。

> ハングル文字は子音と母音の二つに分けることができるね。

　これから**5つの文字**を覚えましょう。各文字にはハングルの形に似ている物をあて、すぐハングル文字と発音が連想できるようにしました。

「ㄱ」はカマの[k]

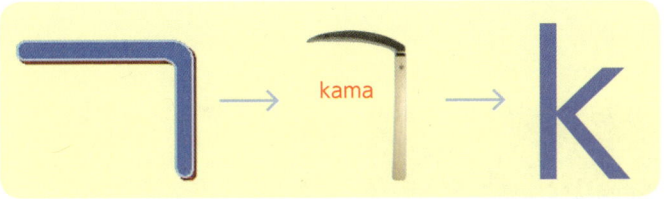

この文字は形が**カマ**（鎌）に似ていますね。この文字を見たら**カマ**（kama）の**[k（ケー）]**と覚えましょう！

カマの[k]か!?
超似てる！

では、もう一度確認しましょう。

マル　　イ

左の「○」は**「ア、イ、ウ、エ、オ」**を表すもので、右の縦棒「｜」は**「イ [i]」**でしたね。

では、の読み方は？

左の「ㄱ」が**カマ**の[**k**]で、右が**マルイ**の[**i**]なので、この文字の読み方は「**キ [ki]** 」です。

ㄱ ＋ ㅣ ＝ 기

カマの[k]　　　マルイの[i]　　　キ[ki]

기도 キド(祈り)

이야기 イヤギ(話)

2 「ㄴ」はナスの[n]

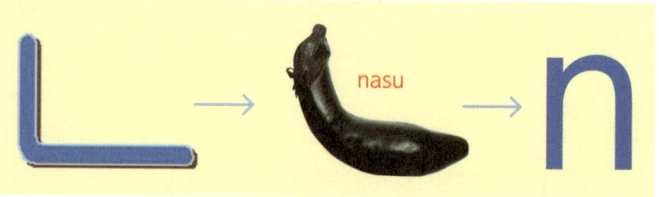

　この文字は形が**ナス**に似ていますね。

この文字を見たら**ナス**(nasu)の[**n**(エヌ)]と覚えましょう！

かなりおもしろい形のナスだけどね！

次の文字は「니」です。

左が**ナス**の[**n**]、右が**マルイ**の[**i**]ですね。ということで、「니」の読み方は？

ㄴ + ㅣ = 니

ナスの[n]　　マルイの[i]　　ニ[ni]

누구나니스 ヌグナニス
(「だれでもニス」)

언니 オンニ (お姉さん)

3 「ㅁ」はマッチバコの[m]

　マッチバコ（箱）はどこから見ても□（四角）ですね。この文字を見たら**マッチバコ**（macchibako）の[m（エム）]と覚えましょう！

> マッチバコの[m]か！よし、覚えた！

では、「미」の読み方は？

 ＋ ＝

マッチ箱の[m]　　マルイの[i]　　ミ[mi]

미니스톱 ミニストプ（ミニストップ）

화이브미니
ファイブミニ
（ファイブミニ）

4 「ㅅ」はサクランボの[s]

この文字は形が**サクランボ**に似ていますね。
この文字を見たら**サクランボ**(sakurambo)の
[**s**（エス）]と覚えましょう！

> まあ、「ㅅ」は言われてみればサクランボそのものだね！

ということで、「시」の読み方は？

ㅅ + ㅣ = 시

サクランボの[s]　マルイの[i]　シ[si]

택시 テㇰシ (タクシー)

> 「시」は「シ」か!?
> タクシーはテㇰシ
> (택시)というんだね。

「O」はアンパンだから「ア、イ、ウ、エ、オ」と「ン」

①**ア、イ、ウ、エ、オ**
②**ン**（詳細はP.93で）

ampan

　この文字は丸い形が**アンパン**に似ていますね。「O」は①「**ア、イ、ウ、エ、オ**」の**母音**を表します。また、**パッチム**のときは②「**ン [n]**」という発音になります。

> ○がついていれば「ア、イ、ウ、エ、オ」の母音だね！

오이 オイ（キュウリ）

돌실나이 トルシルナイ

　こういった感じで、読める母音や子音文字が一つ増えるだけでも、読めるハングルは芋づる式に増えていきます。

覚えましたか？　じゃ、テストしてみましょう。

1章　母音と子音

写真と下のハングル文字を結びなさい。

ㄱ　　ㄴ　　ㅅ　　ㅁ　　ㅇ

左のハングル文字と右の発音を結びなさい。

ㄱ ・　　　　　　　　・ s

ㄴ ・　　　　　　　　・ k

ㅁ ・　　　　　　　　・ a, i, u, e, o（母音）

ㅅ ・　　　　　　　　・ m

ㅇ ・　　　　　　　　・ n

※両テストともP.15〜20を読み返せば「答え」はわかります。

21

3 ハングル母音6兄弟

では、もう一度確認しましょう。

○　|
マル　イ

左の「○」は**「ア、イ、ウ、エ、オ」**を表すもので、右の縦の棒「|」は**「イ［i］」**でしたね。

次の文字の読み方は

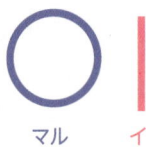 = 人 + |
　　　　サクランボの[s]　マルイの[i]

で**「シ［si］」**でした。

ㄱ（カマの[k]）
ㄴ（ナスの[n]）
ㅁ（マッチバコの[m]）

ㅅ（サクランボの[s]）
ㅇ（アンパンの「ア、イ、ウ、エ、オ」）

の五つの文字に、今度は、母音を覚えていきましょう。

まず「｜[i]」の母音はしっかり覚えましたね。それに加えて「ㅡ, ㅓ, ㅏ, ㅗ, ㅜ」の5つの母音です。要するに**「母音6兄弟」**です。

次の文字が読めますか。

❶　　❷　　❸　　❹　　❺　　❻
이　으　어　아　오　우

このうち、最初の❶이だけは覚えましたね。この6文字の形を見ると、❶이と❷으、❸어と❹아、❺오と❻우はそれぞれ2文字ずつ対をなしています。つまり、母音を表す「〇」のあとに、

❶이と　❷으は　縦棒と横棒、

❸어と　❹아は　縦棒に左に点、右に点、

❺오と　❻우は　横棒に上に点、下に点

です。

まず、十字を思い描いてください！

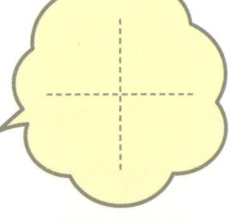

真ん中の点を中心として

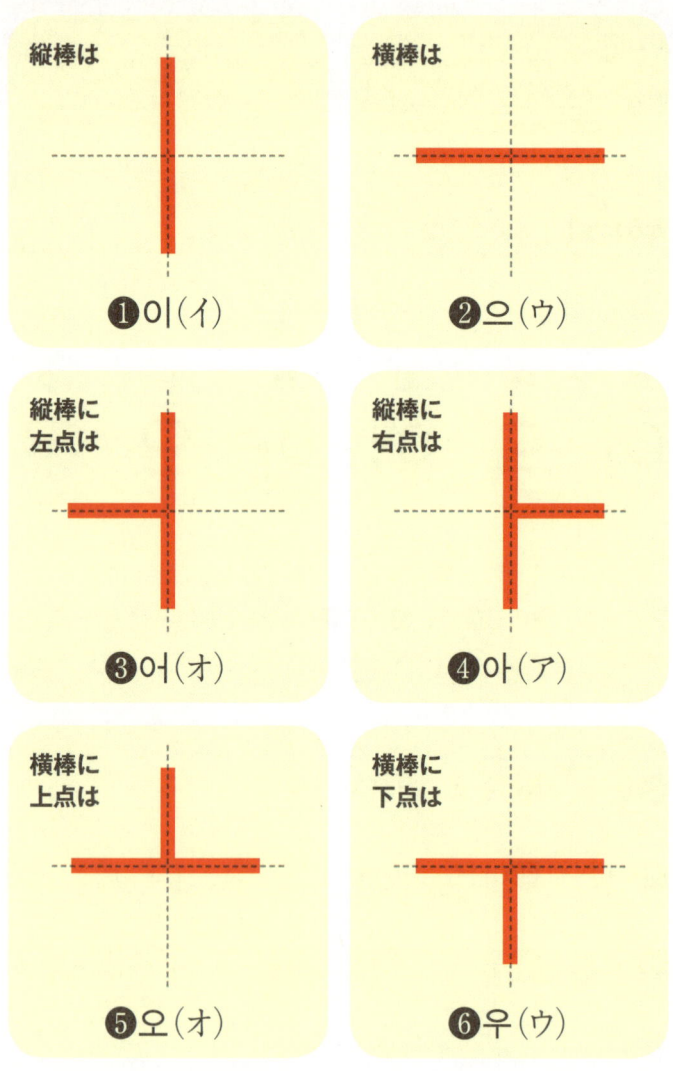

ということ！

1+2 縦イ、ウ横（縦言う横）

それでは、まず、❶ 이 と ❷ 으 です。

❶は「**イ [i]**」でしたね。ところで❷は「**ウ [ɯ]**」です。縦棒の文字は「**イ**」、横棒の文字は「**ウ**」ということ。「**縦イ、ウ横（縦言う横）**」と覚えましょう。

縦イ、ウ横（縦言う横）

「横を言う」のではなく、「縦を言う」!?　つまり縦棒があれば「이（イ）」、横棒があれば「으（ウ）」ということ！

◉次を3回ずつ唱えてみましょう。
「縦イ、ウ横（縦言う横）」
「縦｜、一 横（縦言う横）」
「縦이、으横（縦言う横）」

「一」の文字の形のとおり、発音も唇を真一文字に結ぶ。

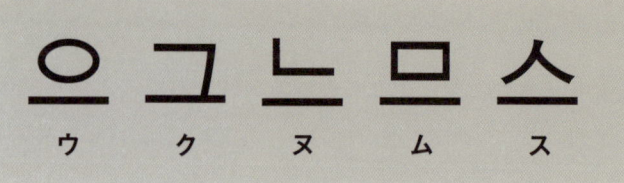

では、子音の「ㅇ,ㄱ,ㄴ,ㅁ,ㅅ」と母音「ウ（ㅡ）」を合体させましょう。

まずは「ㅇ+ㅡ」の「으」から順番に見ていきます。

● ウ

ㅇ　　＋　　ㅡ　　＝　　으
-　　　　ウ[ɯ]　　　　ウ[ɯ]

으라차차 ウラチャチャ（エイッ!）　　으뜸 ウットゥム（一番）

● ク

ㄱ　＋　ㅡ　＝　그
カマの[k]　ウ[ɯ]　ク[kɯ]

그림동화
クリムドンワ
(グリム童話)

햄버그
ヘムボグ
(ハムバーグ)

● 느

ㄴ + ― = 느

ナスの[n]　　ウ[ɯ]　　ヌ[nɯ]

느리게 걷기
ヌリゲコッキ
(ゆっくり歩くこと)

좋은 느낌
チョウン ヌッキム
(いい感じ)

● 므

 + ― =

マッチバコの[m]　　ウ[ɯ]　　ム[mɯ]

므깃도
ムギット

므두셀라
ムドゥセルラ

◉ス

ㅅ ＋ ㅡ ＝ 스

サクランボの[s]　ウ[ɯ]　ス[sɯ]

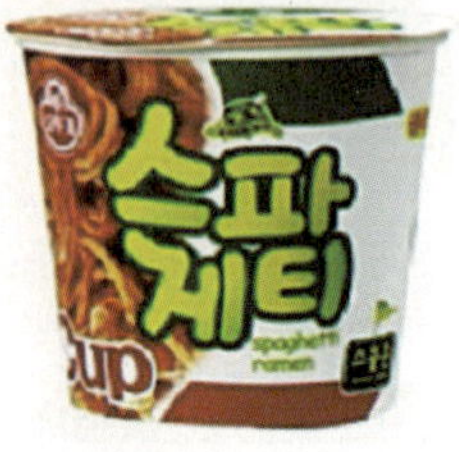

스파게티 スパゲティ
(スパゲッティー)

쇠고기스프 スェゴギスプ
(ビーフスープ)

それでは以上の文字を復習してみましょう。

으 으 으

ウ　ウ　ウ　ウ

그 느 므 스

ク　ヌ　ム　ス

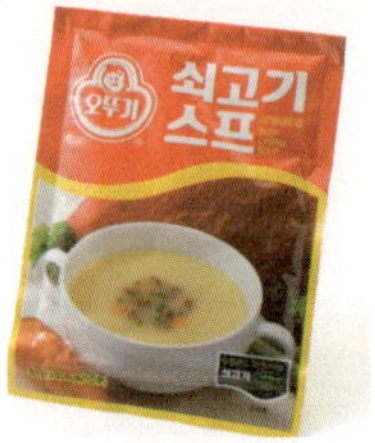

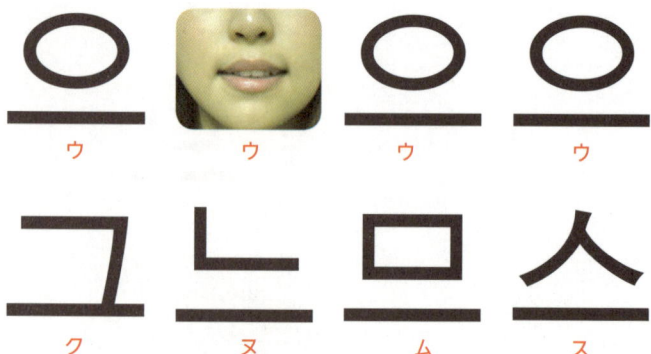

3+4 左オ、ア右（左or右）

今度は、この二文字ですが「左オ、ア右（左or右）」と覚えましょう。

縦棒に左に点のある❸「어」は「オ」、縦棒に右に点のある❹「아」は「ア」です。したがって、**左は「オ」、「ア」は右**です。

左オ、ア右（左or右）

◉次を3回ずつ唱えてみましょう。
「左オ、ア右（左or右）」
「左ㅓ、ㅏ右（左or右）」
「左어、아右（左or右）」

「左or右」か!! 左に点があれば「어(オ)」、右に点があれば「아(ア)」ということだね！

最初は「ㅓ[ɔ オ]」という母音です。

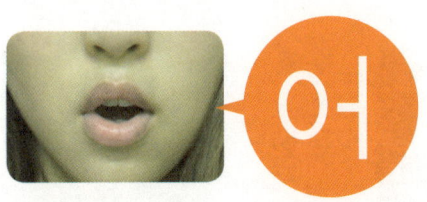

口を大きく開けて「オ」と発音。

어	거	너	머	서
オ	コ	ノ	モ	ソ

◉ オ

ㅇ + ㅓ = 어

\-   オ[ɔ]   オ[ɔ]

어머니 **オ**モニ(お母さん)

영어 ヨン**オ**(英語)

◉ コ

ㄱ + ㅓ = 거

カマの[k]   オ[ɔ]   コ[kɔ]

여기가 거기
ヨギガコギ
(ここがそこ)

거북이 **コ**ブギ(亀)

◉ ノ

ㄴ + ㅓ = 너

ナスの[n]　　オ[ɔ]　　ノ[nɔ]

너구리 ノグリ(タヌキ)

너 때문에 ノッテムネ(あなたのため)

◉ モ

ㅁ + ㅓ = 머

マッチバコの[m]　　オ[ɔ]　　モ[mɔ]

머니투데이 モニトゥデイ(マネートゥデー)

어머니의 기도 オモニエ キド(母のお祈り)

● ソ

ㅅ + ㅓ = 서

サクランボの[s]   オ[ɔ]   ソ[sɔ]

서울신문 ソウルシンムン
(ソウル新聞)

무료서비스 ムリョソビス
(無料サービス)

復習です。

어　어어

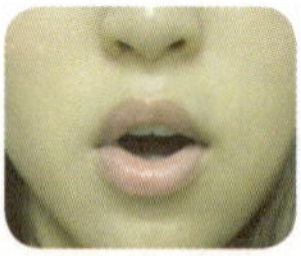

オ　　オ　　オ　　オ

거너머서

コ　　ノ　　モ　　ソ

次に、「ㅏ[a ア]」です。もう一度思い出しましょう。

左オ、ア右（左or右）

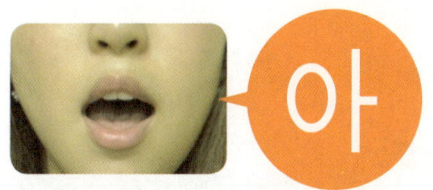

ふだんの「ア」より口を気持ち大きく。

아 가 나 마 사
ア　カ　ナ　マ　サ

では、子音文字「ㅇ,ㄱ,ㄴ,ㅁ,ㅅ」と母音「ㅏ」を合体させましょう。

「아」から順番に見ていきます。

●ア

○ + ㅏ = 아
　　　ア[a]　　ア[a]

스피아민트
スピアミントゥ（スペアミント）

아리아치킨
アリアチキン
（アリアチキン）

●カ

ㄱ + ㅏ = 가
カマの[k]　ア[a]　カ[ka]

가방 カバン
（かばん）

가족음악회
カヂョクウマクェ
（家族音楽会）

◉ ナ

ㄴ + ㅏ = 나

ナスの[n]　　ア[a]　　ナ[na]

나무 ナム（木）

나가는 곳 ナガヌンゴッ（出口）

◉ マ

ㅁ + ㅏ = 마

マッチバコの[m]　　ア[a]　　マ[ma]

마파두부소스
マパドゥブソス
（マーボ豆腐ソース）

마음의 시계
マウメシゲ
（心の時計）

◉サ

人 + ㅏ = 사

サクランボの[s]　ア[a]　サ[sa]

우리사 ウリサ（ウリ社）

칠성사이다 チルソンサイダ
（チルソンサイダー）

それでは以上の文字を復習してみましょう。

아  아 아
ア　　ア　　ア　ア

가 나 마 사
カ　ナ　マ　サ

5+6 上オ、ウ下（上追う下）

今度は、この二文字ですが「上オ、ウ下（上追う下）」と覚えましょう。

❺ 오　❻ 우

横棒に上に点のある❺「**오**」は「**オ**」、横棒に下に点のある❻「**우**」は「**ウ**」です。つまり**上は「オ」、「ウ」は下**です。

上オ、ウ下（上追う下）

「上追う下」か!!
上に点があれば「오（オ）」、下に点があれば「우（ウ）」ということ！

◉次を3回ずつ唱えてみましょう。
「上オ、ウ下（上追う下）」
「上ㅗ、ㅜ下（上追う下）」
「上오、우下（上追う下）」

では、「ㅗ [o オ]」という母音です。

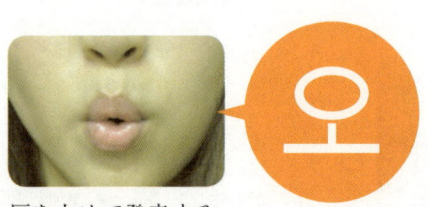

唇を丸めて発音する。

오 고 노 모 소
オ コ ノ モ ソ

●オ

○ + ㅗ = 오

\-　　　　オ[o]　　　　オ[o]

오아시스 **オ**アシス（オアシス）

오즈 **オ**ヂュ（オズ）

●コ

ㄱ + ㅗ = 고

カマの[k]　　　オ[o]　　　コ[ko]

고릴라
コリルラ
（ゴリラ）

고구마깡
コグマッカン
（サツマイモチップ）

◉ ノ

ㄴ + ㅗ = 노

ナスの[n]　　オ[o]　　ノ[no]

노래방 ノレバン(カラオケ)

노르웨이의 숲 ノルウェイエスㇷ゚
(ノルウェイの森)

◉ モ

ㅁ + ㅗ = 모

マッチバコの[m]　　オ[o]　　モ[mo]

모모 モモ(モモ)

모텔 모나코
モテルモナコ
(モーテルモナコ)

1章　母音と子音

● ソ

人 + ㅗ = 소

サクランボの[s]　　オ[o]　　　ソ[so]

참소주 チャムソヂュ（チャム焼酎）

모듬소시지 モドゥムソシヂ（盛り合わせソーセージ）

ここまでの「ㅗ」の仲間の発音を復習しましょう。

오　오　오　오
オ　オ　オ　オ

고　노　모　소
コ　ノ　モ　ソ

次は「ㅜ [u ウ]」という母音です。

もう一度思い出しましょう。

> 上オ、ウ下（上追う下）

「우」は「ウ[u]」です。

唇を丸めて前に突き出す。

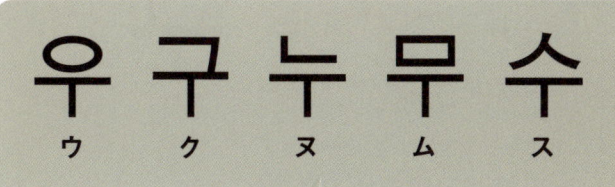

우	구	누	무	수
ウ	ク	ヌ	ム	ス

◉ウ

O + ㅜ = 우

　　ウ[u]　　ウ[u]

우표 ウピョ(切手)

우동 ウドン(うどん)

◉ク

ㄱ + ㅜ = 구

カマの[k]　ウ[u]　ク[ku]

구두랑 クドゥラン(靴と)

북치구 장구치구 プクチグ チャングチグ(太鼓叩き、チャング叩き)

●ヌ

ㄴ + ㅜ = 누

ナスの[n]　　ウ[u]　　ヌ[nu]

누리 ヌリ(ヌリ) 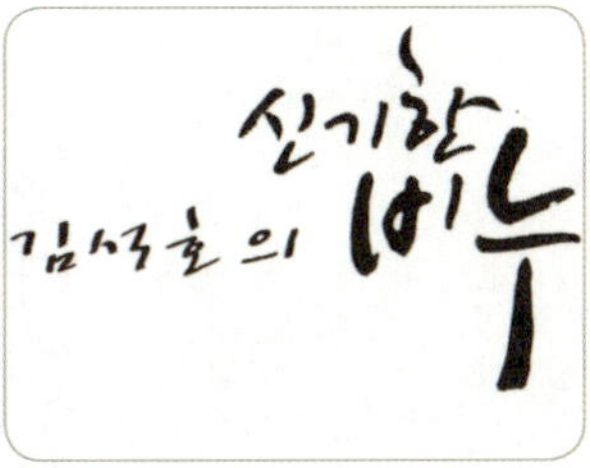　　　비누 ピヌ(セッケン)

●ム

ㅁ + ㅜ = 무

マッチバコの[m]　　ウ[u]　　ム[mu]

무소유 ムソユ
(「無所有」)

무한도전 ムハンドヂョン
(「無限挑戦」)

●ㅅ

ㅅ + ㅜ = 수

サクランボの[s]　ウ[u]　ス[su]

수박 スバㇰ(スイカ)　팥빙수 パッピンス(かき氷)

復習です。

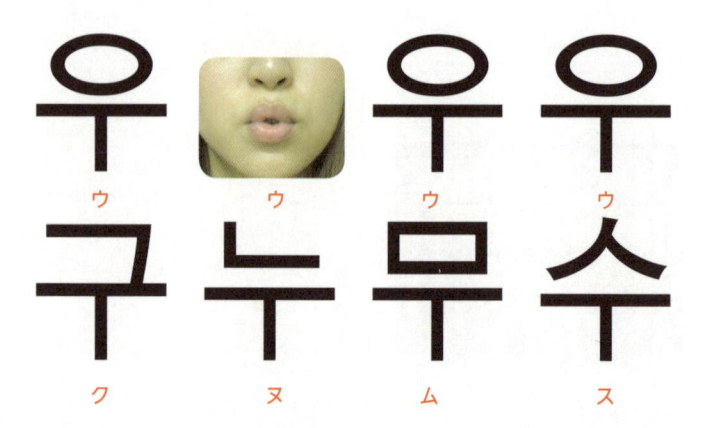

우 우 우 우
ク ヌ ム ス
구 누 무 수
ク ヌ ム ス

さて、ここまでの**「ハングル母音6兄弟」**を覚えられましたか。まとめると、

❶ 이　ㅣ　イ

❷ 으　ㅡ　ウ

❸ 어　ㅓ　オ

❹ 아　ㅏ　ア

❺ 오　ㅗ　オ

❻ 우　ㅜ　ウ

です。

　この6つの文字の形を見てみると、それぞれがとてもバランスよくできています。
　また、❶❷は縦棒と横棒、❸❹は左に「○」が、❺❻は上に「○」がついています。さらに、❸❹は縦の棒に左点、右点、❺❻は横の棒に上点、下点です。

｜：縦の棒は「イ」

―：横の棒は「ウ」

これを 縦イ、ウ横（縦 言う 横）

┤：縦の棒に左点は「オ」

├：縦の棒に右点は「ア」

これを 左オ、ア右（左 or 右）

⊥：横の棒に上点は「オ」

⊤：横の棒に下点は「ウ」

これを 上オ、ウ下（上 追う 下）

と覚えれば簡単！

じゃ、ここでテストです。

✏️ 次を結びなさい。

縦棒・　横棒・　左点・　右点・　下点・　上点・

・ア　・ウ　・イ　・オ　・ウ　・オ

・ㅏ　・ㅓ　・ㅡ　・ㅣ　・ㅜ　・ㅗ

오　　어　　이　　우　　아　　으

答え

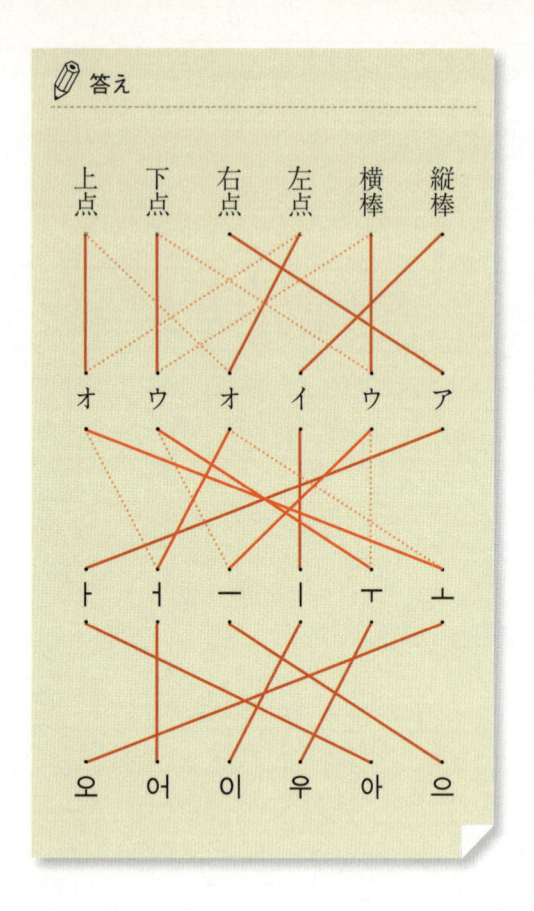

縦棒	横棒	左点	右点	下点	上点
ア	ウ	イ	オ	ウ	オ

| ト | ┤ | ┃ | ┬ | ┴ |

오　어　이　우　아　으

2段目の「ウ」と「オ」はそれぞれ2つずつあるので、どちらを結んでもかまいません。

さぁ、これで読めるようになったハングル文字はいくつあるでしょうか？ 自信を持って、声に出してみてください。

● あなたが読めるようになったハングル文字

이 으 어 아 오 우

기 그 거 가 고 구

니 느 너 나 노 누

미 므 머 마 모 무

시 스 서 사 소 수

コラム❶

ハングルで自分の名前を書いてみよう

このページは、本書を読み終えてから活用してみてください。
P.100の「五十音表」を参考にしましょう。

みなさん！ハングルの勉強はいかがですか。なんとなく覚えてきたとは思いますが、これからもゆっくりハングルと付き合ってください。

このテキストは短い時間にハングルの文字を読める楽しみを味わってもらうために作られたものですが、これをきっかけとしてこれからも韓国・韓国語を楽しんでください。

そこで、自分の名前をハングルで書いてみましょう。あいているスペースに、ハングルを書き込んでみてください。P.100の「仮名のハングル表記法」にのっとってやってみましょう。書き方はとても簡単です。

❶ まず、名字と下の名前に分けて書きましょう。

名字と下の名前の最初の文字が「(**a**)語頭」、その他は「(**b**)語中・語末」です。語頭に「カ」行、「タ」行、「キャ」行、「チャ」行がくる場合は注意しましょう。

鈴木 太郎 → <u>す</u>ずき <u>た</u>ろう
　　　　　　　ᵃ　　　　 ᵃ

山田 花子 → <u>や</u>まだ <u>は</u>なこ
　　　　　　　ᵃ　　　　 ᵃ

> 鈴木さんは「す」と「た」、山田さんは「や」「は」が語頭だね！

❷ それぞれにハングルをあててみましょう。

すずき たろう → 스즈키　다로

やまだ はなこ → 야마다　하나코

●表記細則
1. 促音「ッ」は「ㅅ」、撥音「ン」は「ㄴ」はパッチムとして表記します。
　例) 札幌（サッポロ）→삿포로　　新宿（シンジュク）→신주쿠
2. 長母音は特に表記しません。
　例) 東京（トーキョー）→도쿄　　日光（ニッコー）→닛코

2章
母音の仲間たち

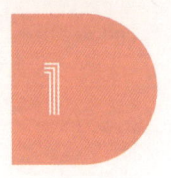

ヤ行の母音

　1章で「**ハングル母音6兄弟**」を覚えてきました。そのほかに、韓国では**ヤ行**の「**ヤ、ユ、ヨ**」の音も母音扱いし、「ハングル母音6兄弟」の6つとヤ行の母音「야, 여, 요, 유」4つ（※）を合わせた**10の母音を基本母音**といいます。ここでは「**야, 여, 요, 유」4つのヤ行の母音**を覚えましょう。

※「어 オ」「오 オ」と同様に「ヨ」の音が2つあるので計4つです。

どんな関係になっているか、整理すると

① 아 [a ア]
② 야 [ya ヤ]
③ 어 [ɔ オ]
④ 여 [yɔ ヨ]
⑤ 오 [o オ]
⑥ 요 [yo ヨ]
⑦ 우 [u ウ]
⑧ 유 [yu ユ]
⑨ 으 [ɯ ウ]
⑩ 이 [i イ]

　もう①아と③어（左or右）、⑤오と⑦우（上追う下）、⑨으と⑩이（縦言う横）は覚えましたね。あとはヤ行の②야④여⑥요⑧유の4個です。

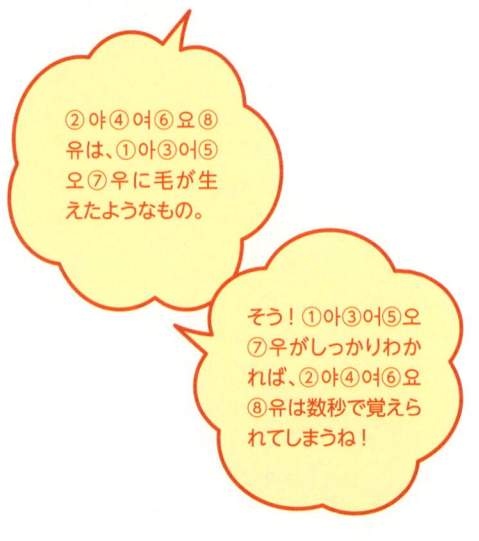

②야④여⑥요⑧유は、①아③어⑤오⑦우に毛が生えたようなもの。

そう！①아③어⑤오⑦우がしっかりわかれば、②야④여⑥요⑧유は数秒で覚えられてしまうね！

① ② ③ ④ ⑤ ⑥ ⑦ ⑧

아 [a ア]
야 [ya ヤ]
어 [ɔ オ]
여 [yɔ ヨ]
오 [o オ]
요 [yo ヨ]
우 [u ウ]
유 [yu ユ]

● 2章　母音の仲間たち

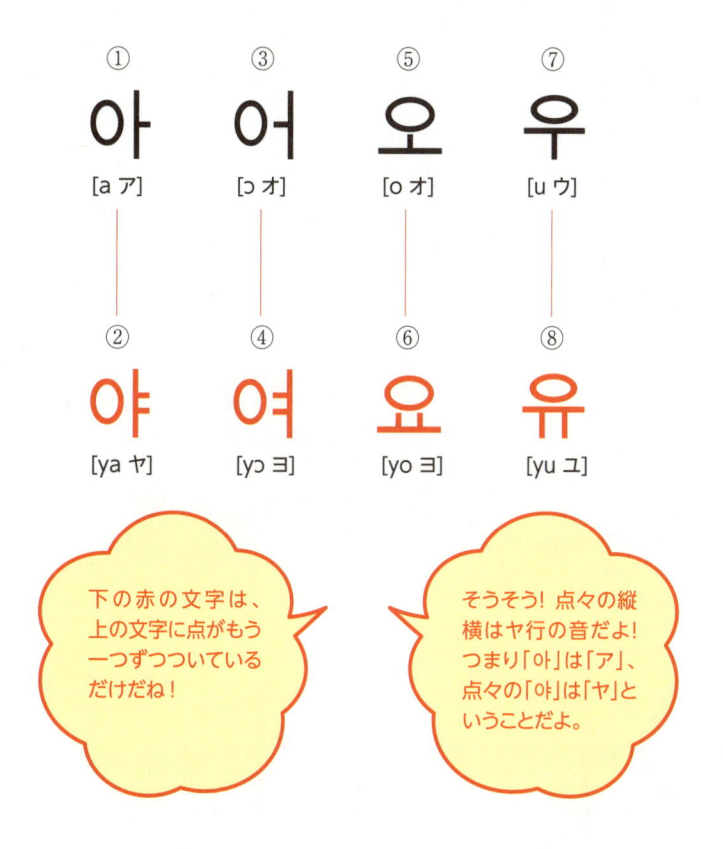

> 下の赤の文字は、上の文字に点がもう一つずつついているだけだね！

> そうそう！ 点々の縦横はヤ行の音だよ！ つまり「아」は「ア」、点々の「야」は「ヤ」ということだよ。

　上と下の文字の違いはいずれも点一つの違いです。
　つまり上は点が一つ、下は点々です。縦棒と横棒に点々があったら、それはヤ行の母音っていうことです。

点々の縦横は「ヤ、ユ、ヨ」

と覚えてしまいましょう。

では、順番に見ていきましょう。

① 아 [a ア]　② 야 [ya ヤ]

①の「아」は縦棒に右の点が一つある「ㅏ[a ア]」でしたね。次の②の文字「ㅑ[ya ヤ]」は点が二つです。**点々の縦横は「ヤ、ユ、ヨ」**でしたね。「ㅇ」(アンパンのa, i, u, e, o)との組み合わせなので「야」は「ヤ」です。

야쿠르트 ヤクルト(ヤクルト)

사과이야기 サグヮイヤギ
(りんごのお話)

③ 어 [ɔ オ]　④ 여 [yɔ ヨ]

さぁ、どんどんいきましょう。右の文字は「ㅕ[yɔ]」ですね。

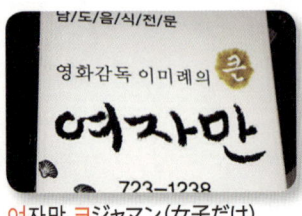

여자만 ヨジャマン(女子だけ)

여사우나
ヨサウナ
(女子サウナ)

⑤ 오 [o オ] ⑥ 요 [yo ヨ]

右の文字は「ヨ[yo]」です。

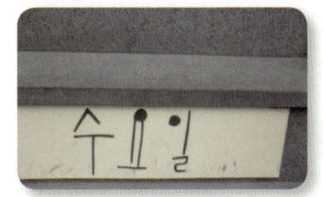

수요일 スヨイル(水曜日)

요구르트 ヨグルトゥ(ヨーグルト)

⑦ 우 [u ウ] ⑧ 유 [yu ユ]

右の文字は「ユ[yu]」です。

유료 ユリョ(有料)

유아휴게실 ユアヒュゲシル
(幼児休憩室)

4つとも難しくなかったですね！

続いて、子音と組み合わせていきます。

샤 = ㅅ + ㅑ

　　　サクランボの[s]　　[ya]

つまり、[s]と[ya]の組み合わせで「**シャ [sya]**」です。

수능샤워
スヌンシャウォ
(修学能力シャワー)

샤르망 シャルマン

では、次の文字はどう読みますか？

갸

左の文字はカマの[k]、右の文字は[ya]なので、**[kya]**つまり「**キャ**」です。

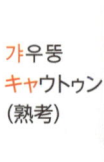

갸우뚱
キャウトゥン
(熟考)

가갸 カギャ
(カギャ)

겨

左の文字はカマの[k]、右の文字は[yɔ]なので、**[kyɔ]** つまり **「キョ」** です。

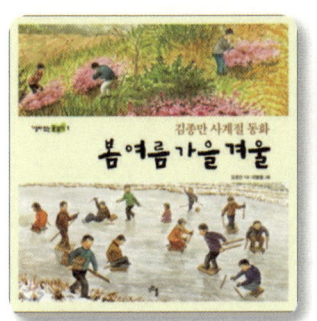

겨울 キョウル(冬)

한겨레 ハンギョレ
(韓国の日刊新聞)

녀

左の文字はナスの[n]、右の文字は[yɔ]なので、**[nyɔ]** つまり **「ニョ」** です。

남녀 ナムニョ(男女)

숙녀 スンニョ(淑女)

2章 母音の仲間たち

교

上の文字はカマの[k]、下の文字は[yo]なので、**[kyo]**つまり「**キョ**」です。

교육 **キョ**ユヶ(教育)　　　고려대학**교** コリョデハッ**キョ**
(高麗大学)

뇨

上の文字はナスの[n]、下の文字は[yo]なので、[nyo]つまり「**ニョ**」です。

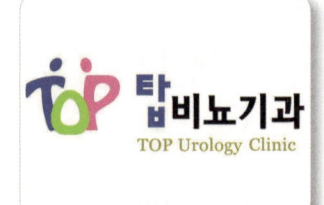

탑 비**뇨**기과 タㇷ゚ ピ**ニョ**ギックヮ
(トップ泌尿器科)

당**뇨**병 タン**ニョ**ッピョン(糖尿病)

슈

上の文字はサクランボの[s]、下の文字は[yu]なので、[syu]つまり**「シュ」**です。

슈퍼 シュポ(スーパー) 　　슈가 シュガ(シュガー)

뮤

上の文字はマッチバコの[m]、下の文字は[yu]なので、[myu]つまり**「ミュ」**です。

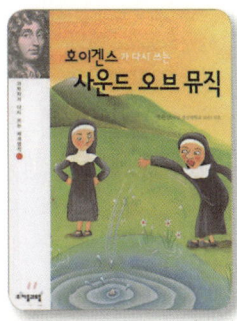

뮤직 ミュジク(ミュージック) 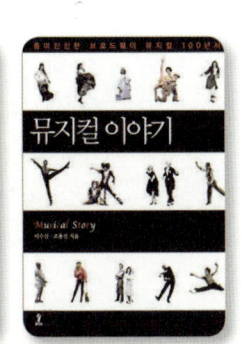　　뮤지컬 ミュジコル(ミュージカル)

母音「エ」と「イェ」

今度は「애」と「에」という母音の文字です。

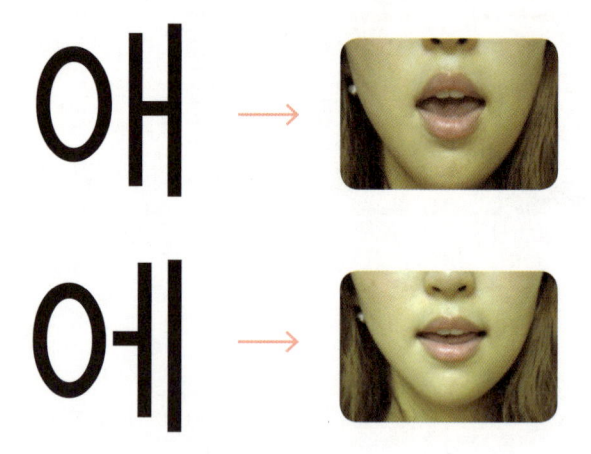

애 →

에 →

いずれも**「エ」**です。

　上の二文字の発音の違いは口の開け方だけです。「애 [ɛ]」は口の中に指が2本入るくらい、「에 [e]」は1本といわれています。でも、これらの文字は韓国でも区別しなくなってしまったので、いずれも「エ」の発音でOKです。

エイチの「エ」

애 → ㅐ → エ

> この「ㅐ」はローマ字H(エイチ)に似ていますね。エイチの「エ」と覚えよう!

에

この文字も、左は母音を表す「○」がついていて、「ㅔ」は文字の点の向きこそ「ㅐ」と違いますが、「ㅐ」と同じように発音すればいいです。

> これも「ㅐ」に便乗してエイチの「エ」でいいわけだね。「ㅐ」も「ㅔ」もパーツは同じだからね!

● 2章 母音の仲間たち

애인 エイン(恋人)

에이스 エイス(エース)

続いて、子音と組み合わせてみます。
どんどん読めていくはずです！

내

左の文字はナスの[n]、右の文字は「エ[ɛ]」なので、**[nɛ]**つまり**「ネ」**です。

내 손안의 콩 ネ ソナネ コン
(私の手の中の豆)

내 사랑 ネサラン
(私の愛)

새

左の文字はサクランボの[s]、右の文字は「エ[ɛ]」なので、**[sɛ]**つまり**「セ」**です。

새우탕 セウタン（えび湯）

새우깡 セウッカン
（えびせん）

매

左の文字はマッチバコの[m]、右の文字は「エ[ɛ]」なので、**[mɛ]** つまり **「メ」** です。

매우만족 メウマンヂョク
(とても満足)

매니저
メニヂョ
(マネージャー)

개

左の文字はカマの[k]、右の文字は「エ[ɛ]」なので、**[kɛ]** つまり **「ケ」** です。

개구리 ケグリ(カエル) 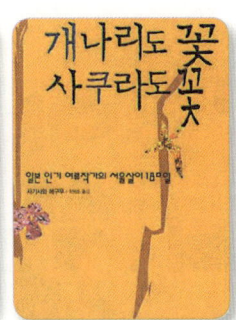   개나리 ケナリ(レンギョウ)

네

左の文字はナスの[n]、右の文字は「ㅔ[e]」なので、**[ne]**つまり「**ネ**」です。

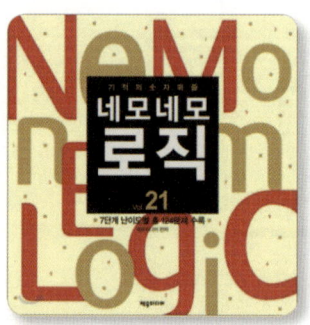

네모네모 로직 ネモネモロヂク
(ネモネモロジック)

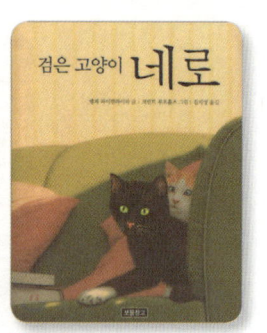

네로 ネロ(ネロ)

세

左の文字はサクランボの[s]、右の文字は「ㅔ[e]」なので、**[se]**つまり「**セ**」です。

아기돼지 세마리
アギドェヂ セマリ
(三匹の子ぶた)

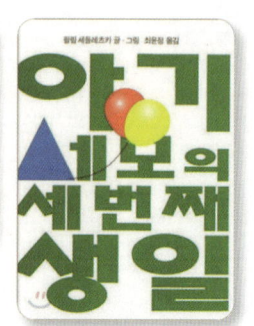

세번째 생일
セボンッチェ センイル
(三回目の誕生日)

메

左の文字はマッチバコの[m]、右の文字は「ㅔ[e]」なので、**[me]**つまり**「メ」**です。

메밀소바
メミルソバ（そば）

메아리
メアリ（エコー）

게

左の文字はカマの[k]、右の文字は「ㅔ[e]」なので、**[ke]**つまり**「ケ」**です。

게맛살 ケマッサル（カニもどき）

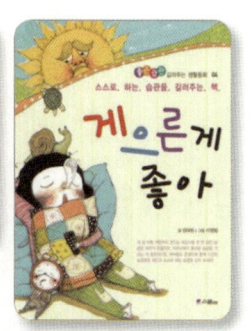

게으른 게 좋아
ケウルンゲ チョア
（怠けることが好き）

2章　母音の仲間たち

次は「애」と「예」です。これらの母音も「ㅐ」と「ㅔ」の仲間です。文字の成り立ちもそこから生まれたものです。

얘

イェ[yɛ]

この文字は「애」にもう一つ点がありますね。

点々の縦横は「ヤ、ユ、ヨ」ですから、**「イェ」**という音になります。

예

イェ[ye]

この文字も「에」にもう一つ点がありますね。

点々の縦横は「ヤ、ユ、ヨ」なので、上と同じく**「イェ」**という発音になります。

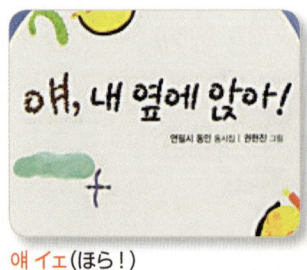

얘 イェ(ほら！)

예술은
イェスルン
(芸術は)

3章

子音の仲間たち

3章 子音の仲間たち

1章で、「ㄱ, ㄴ, ㅁ, ㅅ, ㅇ」の**「子音5兄弟」**を覚えましたね。ハングルにはその5つの子音文字に画を加えたりして作られた文字があります。今度はその文字を一つずつ勉強しましょう。

1 「ㅂ」はパッとの[p]

まず、最初に「ㅁ」からできた「ㅂ」という文字です。

patto

マッチバコの上に線が2本ありますね。この文字は**マッチバコの上にパッと火がついた形**に見えませんか。なので**「パッと(patto)の[p]（ピー）」**と覚えてしまいましょう。

「ㅂ」はパッとの[p]

です。

では、「ㅂ」という子音字に母音を合体させた文字を読んでみましょう。

次の文字の読み方は?

비 = ㅂ + ㅣ

　　　パッとの[p]　　マルイの[i]

[p]と[i]の組み合わせなので、**[pi]**つまり「**ピ**」です。

비빔국수 ピビムククス
（混ぜそうめん）

비빔밥 ピビムパプ
（ビビンバ、混ぜごはん）

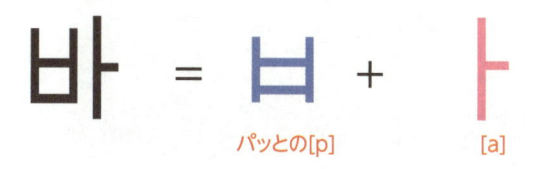

바 = ㅂ + ㅏ

　　　パッとの[p]　　　[a]

[p]と[a]の組み合わせなので、**[pa]**つまり「**パ**」です。

바다 パダ（海）

바나나킥 パナナキク
（バナナキック）

3章　子音の仲間たち

「**母音6兄弟**」と「**エイチのエ**」、それぞれと組み合わせたものを見てみましょう。

바	비	부	브
パ	ピ	プ	プ
[pa]	[pi]	[pu]	[pɯ]

베	배	보	버
ペ	ペ	ポ	ポ
[pe]	[pɛ]	[po]	[pɔ]

さぁ、もうどんどん読めますね！

공항버스 コンハンポス
(空港バス)

부산역 プサンニョッ(釜山駅)

라이브연주 ライブヨンデュ
(ライブ演奏)

부동산 プドンサン
(不動産)

2 「ㄷ」はタオルの[t]

towel

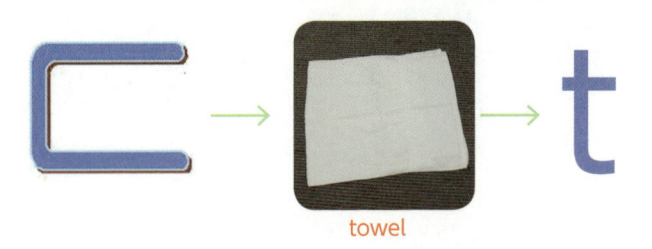

　さて、今度はこの文字です。タオルに似ていますね。この文字を見かけたら**「タオル（towel, taoru）の[t]（ティー）」**と覚えてください。

「ㄷ」はタオルの[t]

です。

　次の文字の読み方は？

ㄷ| = ㄷ + |

　　　　タオルの[t]　　マルイの[i]

[t]と[i]の組み合わせなので、**[ti]**つまり**「ティ」**です。

3章 子音の仲間たち

디카 ティカ（デジカメ） 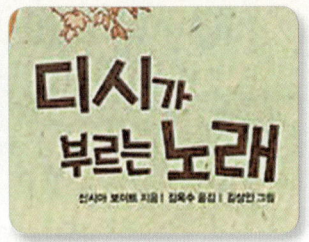   디시 ティシ（ディシ）

それではこれは？

$$다 = ㄷ + ㅏ$$
　　　タオルの[t]　　[a]

[t]と[a]の組み合わせなので、**[ta]** つまり「**タ**」です。

다시다 ダシダ
（ダシダ、だし調味料）

쿠크다스 ククダス
（ククダスクッキー）

※「タ→ダ」のように「清音」が「濁音」になったりしているのは、〈有声音化〉のためです。
　詳しくはP.126へ。でも、あまり気にせず、どんどんハングルに触れていきましょう。

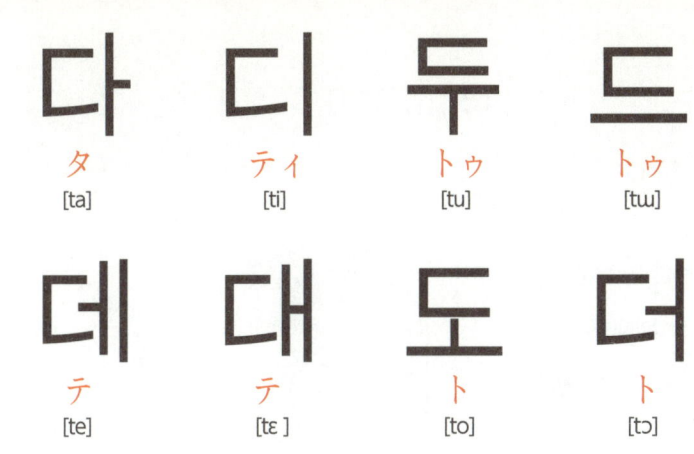

다	디	두	드
タ	ティ	トゥ	トゥ
[ta]	[ti]	[tu]	[tɯ]

데	대	도	더
テ	テ	ト	ト
[te]	[tɛ]	[to]	[tɔ]

만두김밥 マンドゥ キムッパプ
(餃子のり巻き)

도착 トチャク (到着)

더페이스샵 トペイスシャプ
(THE FACE SHOP)

대구 이야기 テグイヤギ
(タラ物語)

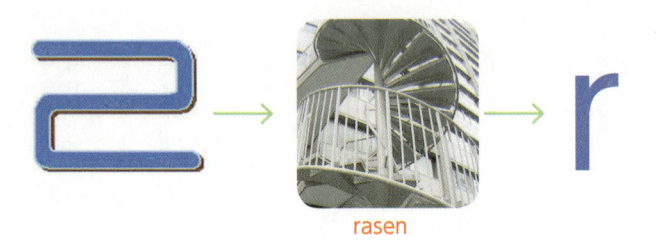

3 「ㄹ」はラセンカイダンの[r]

rasen

「ㄹ」の字はラセン階段に似ていますね。この文字を見つけたら**「ラセン（rasen）カイダンの[r]」**と覚えてください。

「ㄹ」はラセンカイダンの[r]

です。

次の文字の読み方は？

리 = ㄹ + ㅣ
　　　ラセンカイダンの[r]　マルイの[i]

つまり、[r]と[i]の組み合わせなので**[ri]**、**「リ」**です。

리본 リボン(リボン)

하늘보리 ハヌルボリ (空麦茶)

ではこれは？

$$라 = ㄹ + ㅏ$$

ラセンカイダンの[r]　　[a]

つまり、[r]と[a]の組み合わせなので**[ra]**、「**ラ**」です。

라면 ラミョン(ラーメン) 　　라디오 ラディオ(ラジオ)

3章　子音の仲間たち

라　리　루　르
ラ　リ　ル　ル
[ra]　[ri]　[ru]　[rɯ]

레　래　로　러
レ　レ　ロ　ロ
[re]　[rɛ]　[ro]　[rɔ]

롯데리아 ロッテリア

하루야채 ハルヤチェ（一日野菜）

도레미파솔라시도 トレミパソルラシド（ドレミファソラシド）

우리나라만세 ウリナラマンセ（我が国万歳）

4 「ㅈ」はスウォッチの[tʃ]

ㅈ → swatch → tʃ

この文字は日本語のカタカナ「ス」に似ていますね。これを見たら、「スウォッチ（swatch）の[tʃ]」と覚えてください。そうです、おしゃれなデザインで有名な時計ブランド・スウォッチのことです。**文字の形が「ス」に似ている→「ス」ウォッ「チ」→「チ」の音って連想**です。

「ㅈ」はスウォッチの[tʃ]

です。

では、次の文字の読み方は？

지 = ㅈ + ㅣ

　　　スウォッチの[tʃ]　　マルイの [i]

つまり、[tʃ]と[i]の組み合わせなので**[tʃi]**、**「チ」**です。

지하철 チハチョル(地下鉄)

지리산 チリサン(チリ山)

次の文字はどう読みますか。

$$ 자 = ス + ト $$
スウォッチの[tʃ]　　　[a]

つまり、[tʃ]と[a]の組み合わせなので**[tʃa]**、「**チャ**」です。

자갈치 チャガルチ
(釜山のチャガルチ市場)

자연으로 チャヨヌロ
(自然へ)

자	지	주	즈
チャ	チ	チュ	チュ
[tʃa]	[tʃi]	[tʃu]	[tʃɯ]
제	재	조	저
チェ	チェ	チョ	チョ
[tʃe]	[tʃɛ]	[tʃo]	[tʃɔ]

주차금지 チュチャグムヂ
(駐車禁止)

저가 チョッカ(低価、格安)

주의 チュイ(注意)

수제비
スヂェビ
(すいとん)

5 「ㅎ」はフタの[h]

ㅎ → 🍲 → h

huta

　1章の最初のほうに出てきた「ㅇ」は覚えてますか？　そうです、「アンパン」の「ㅇ」です。今回の文字はその「ㅇ」の上にフタがありますね。なので、**「フタの[h]」**と覚えましょう。

「ㅎ」はフタの[h]

です。

　では、次の文字の読み方は？

히 = ㅎ + ㅣ

　　　　　フタの[h]　　マルイの[i]

つまり、[h]と[i]の組み合わせなので**[hi]**、**「ヒ」**です。

히히 ヒヒ(ヒヒ) 　　　히로시마 ヒロシマ(広島)

次の文字はどう読みますか。

$$하 = ㅎ + ㅏ$$

　　　　　フタの[h]　　[a]

つまり、[h]と[a]の組み合わせなので**[ha]**、「ハ」です。

하나은행 ハナウネン　　웨하스 ウェハス
(ハナ銀行)　　　　　　(ウエハース)

3章　子音の仲間たち

3章 子音の仲間たち

하 히 후 흐
ハ ヒ フ フ
[ha] [hi] [hu] [hɯ]

헤 해 호 허
ヘ ヘ ホ ホ
[he] [hɛ] [ho] [hɔ]

후라보노 フラボノ

하늘에서도 ハヌレソド(空でも)

후루룩 열무국수 フルルㇰ ヨルムグㇰス(するする大根麺)

하나 ハナ(居酒屋「ハナ」)

4章

パッチムを
マスターしよう

4章 パッチムをマスターしよう

　ここまでの章ではいずれも子音文字一つと母音文字一つの組み合わせの文字を見てきましたね。さて、今度は「子音文字+母音文字+子音文字」、つまり子音文字と母音文字のあとにもう一つの子音を加えて作る文字を覚えましょう。このもう一つの子音のことを**パッチム**と呼びます。そのパッチムに使われる文字はこれまで習ってきた子音文字を使い、また、発音も同じか、ちょっと違うぐらいです。

> パッチムは「ㅣ, ㅡ, ㅓ, ㅏ」などの母音のあとにつく「ㄱ, ㄴ, ㅁ, ㅅ, ㅇ」といったもう一つの子音のことだよ。発音は一部を除いては同じなので心配ないよ！

ㄱ [k]

ㅣ [i]

김

ㅁ [m]

> この下の赤色の「ㅁ」がパッチムだね！

> 一番下で「支え」るということから「パッチム（받침）」という名前がついたんだ！

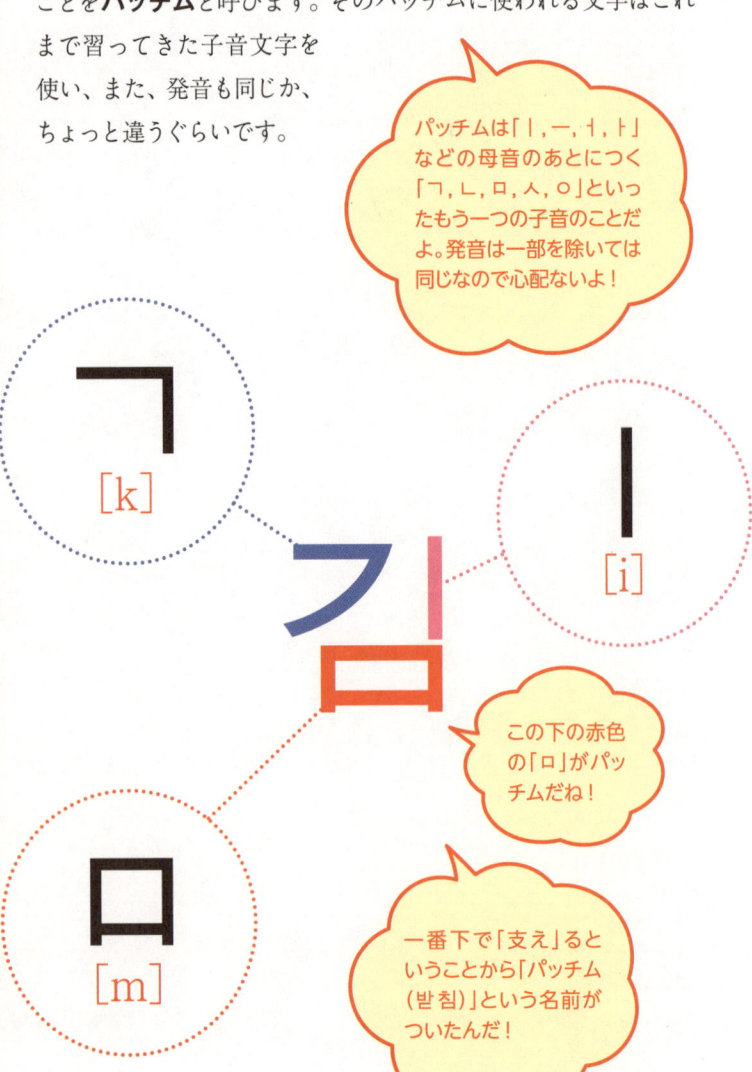

このパッチムがわかりづらいという声をよく聞きます。日本語では、たとえば「キムチ」と言うとき[kimuchi]となるように、基本的に一つひとつの文字はすべて母音で終わります（日本語では3文字ですね）。ところがハングルの場合、「**김치**」という2文字で表され、[kim]と[chi]というわけです。次の音にいく前にいったん音を止めるこういった子音がパッチムというわけなのです。この仕組みがわかれば、恐いものはなしです！

　ところで、ハングルは組み合わせからできる文字ですから、今まで覚えた文字の組み合わせで新しい文字がいっぱい生まれます。本題に入る前に、まず、ちょっとハングル文字の仕組みを説明しましょう。

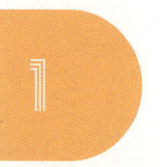

1　ハングルの仕組み

　ハングル文字はいずれも「ㄴ」「ㅁ」などの**子音**を表す文字と「ㅣ」「ㅏ」など**母音**を表す文字の組み合わせからできています。

　字母の組み合わせには

❶ 子音字母＋母音字母
　例：아, 기, 느, 모, 수

❷ 子音字母＋母音字母＋子音字母
　例：안, 김, 늑, 못, 숭

の2つがあります。さらに、❶❷とも母音字母が子音字母の右にくるものと，母音字母が子音字母の下にくるものに分かれます。

まとめてみましょう。

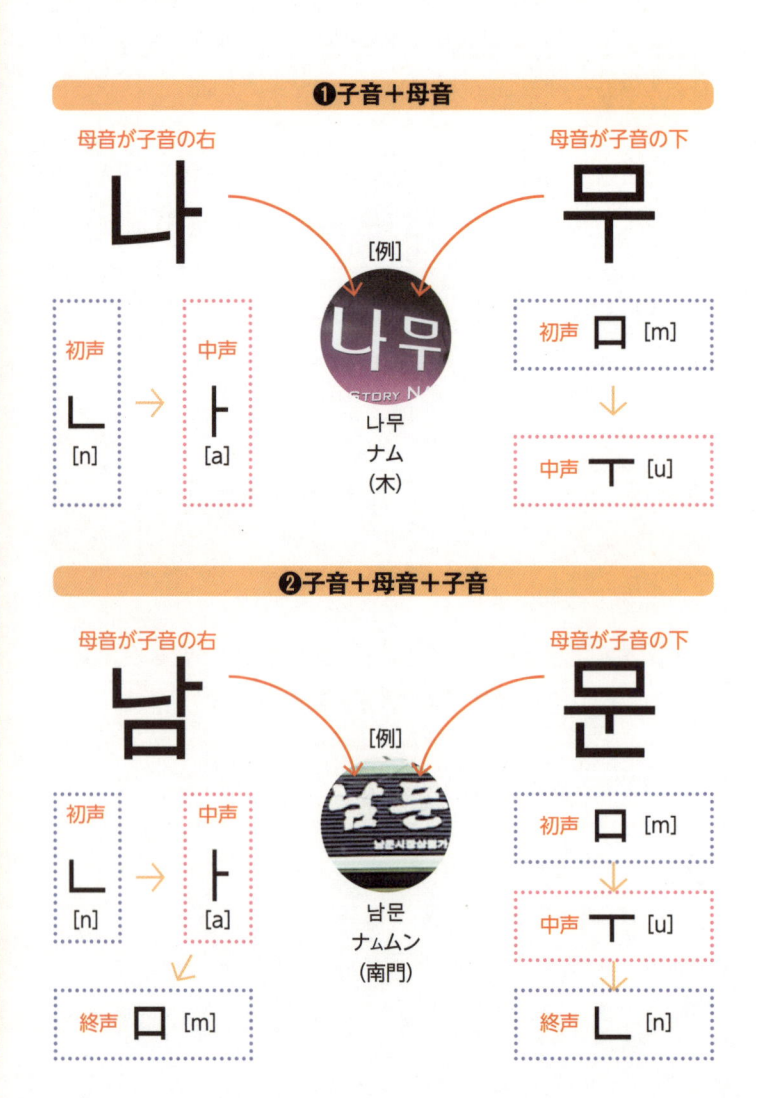

❶子音＋母音

母音が子音の右

나

初声 ㄴ [n] → 中声 ㅏ [a]

[例] 나무
ナム
（木）

母音が子音の下

무

初声 ㅁ [m]
↓
中声 ㅜ [u]

❷子音＋母音＋子音

母音が子音の右

남

初声 ㄴ [n] → 中声 ㅏ [a]
↓
終声 ㅁ [m]

[例] 남문
ナムムン
（南門）

母音が子音の下

문

初声 ㅁ [m]
↓
中声 ㅜ [u]
↓
終声 ㄴ [n]

文字の最初の子音を「**初声**」、母音を「**中声**」、音節の最後の子音を「**終声**」といいます。この「終声」が「パッチム（받침）」ですね。

김 = ㄱ + ㅣ + ㅁ
キム[kim]　　[k]　　　[i]　　　[m]

先ほども登場したこの「김」という字は「ㄱ [k]」の**初声**と「ㅣ[i]」という**中声**、「ㅁ [m]」という**終声**からできています。ハングルは足し算ですから、これを全部足すと、

ㄱ [k] + ㅣ[i] + ㅁ [m] ということで

「김[kim]」になります。「김 キム」は韓国でいちばん多い名字でもあります。

김탁구 キムタック（「キム・タック」）　김치라면 キムチラミョン（キムチラーメン）

4章　パッチムをマスターしよう

2 子音5兄弟のパッチム

　では、ここで「ハングル子音5兄弟」で覚えた「ㄱ, ㄴ, ㅁ, ㅅ, ㅇ」などの5文字がパッチムとして使われるときの発音を見てみましょう。

　まず最初に、パッチムの「ㄱ」は、つく文字に「ク」を足してあげればよいのです。**カマの[k]**のままですね。

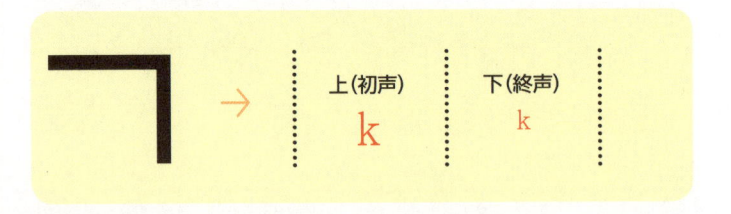

ㄱ → 　上(初声)　　下(終声)
　　　　 k　　　　 k

「上(初声)」というのが「子音+母音」のときやパッチムつきの文字の上にあるときの発音、**「下(終声)」**はパッチムとして使われるときの発音。この「ㄱ」はともに[k]だから発音は変わらないのです。

식 = ㅅ + ㅣ + ㄱ
シク[siᵏ]　[s]　[i]　[k]

　それでは、パッチムの「ㄱ」のある文字を読んでみよう。

약국 ヤックッ(薬局) 　　　입국 イプクッ(入国)

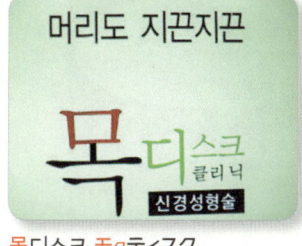

목디스크 モクティスク　　　대한민국 テハンミングッ
(首のヘルニア)　　　　　　(大韓民国)

次は「ㄴ」です、パッチムの「ㄴ」は「ン」の音です。**ナスの[n]**のまま変わりません。

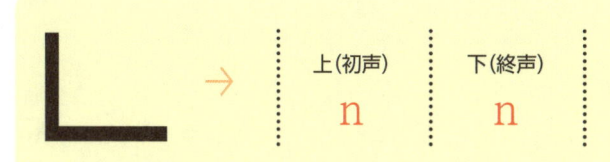

ㄴ →	上(初声)	下(終声)
	n	n

은 = ㅇ + ㅡ + ㄴ
ウン[-ɯn]　　[-]　　[ɯ]　　[n]

さぁ、これもどんどん読めるはずです。

우리은행 ウリウンヘン
(ウリ銀行)

안내 アンネ(案内)

생선밥상 センソンバッサン
(魚食膳)

표사는곳 ピョサヌンゴッ
(切符売り場)

次は「ㅁ」。パッチムの「ㅁ」は「ム」の音。**マッチバコの[m]**
と覚えたそのままです。

ㅁ → 上(初声) 下(終声)
        m   m

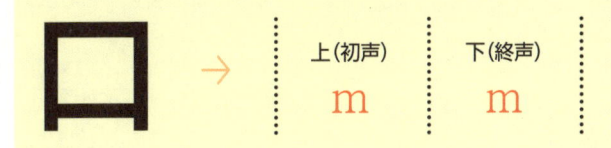

감 = ㄱ + ㅏ + ㅁ
カム[kam] [k]   [a]   [m]

次は読めますか？

오! 감자 オ! カムヂャ
(オー! ジャガイモ)

담배 タムベ
(タバコ)

삼계탕 サムゲタン
(サムゲタン)

다음 タウム(次)

4章 ── パッチムをマスターしよう

サクランボの[s]の「ㅅ」はパッチムでは[ᵗ]の発音**「ッ」**になります！

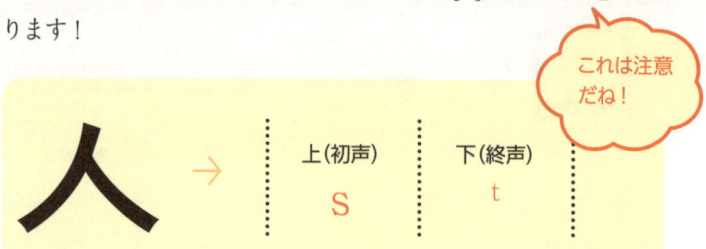

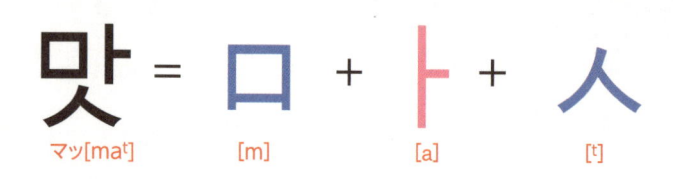

> これは注意だね！

ㅅ → 上(初声) S / 下(終声) t

맛 = ㅁ + ㅏ + ㅅ
マッ[maᵗ]　[m]　[a]　[t]

息を止める感じで「ッ」を読んでみてください。

순한 맛 スナンマッ
(まろやかな味)

멋 モッ
(おしゃれ)

붓다 プッタ(仏陀)

굿모닝 クッモニン
(グッドモーニング)

4章 パッチムをマスターしよう

上(初声)	下(終声)
-	ŋ

「ㅇ」が上につくと「ア、イ、ウ、エ、オ」の母音、下につくと「ン[ŋ]」という子音です。**「アンパンのン」**と覚えましたね。

> P.20の覚え方の、これが②ということだね。

싱 = ㅅ + ㅣ + ㅇ
シン[siŋ] [s]   [i]   [ŋ]

読む練習をどんどん続けましょう。

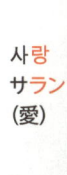

사랑 サラン (愛)

경찰 キョンチャル (警察)

공중전화 コンヂュンヂョヌワ (公衆電話)

망고 マンゴ (マンゴ)

3 子音の仲間たちのパッチム

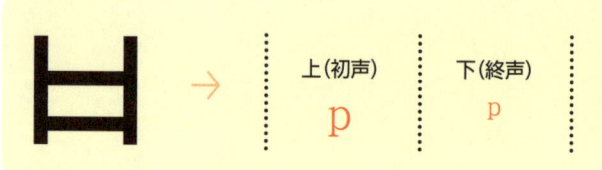

ㅂ → 上(初声) [p] 下(終声) [p]

パッとの[p]でしたね。

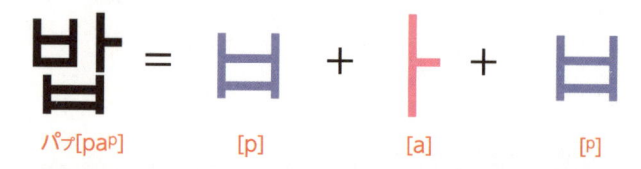

밥 = ㅂ + ㅏ + ㅂ
パㇷ゚[paᵖ]   [p]   [a]   [ᵖ]

입구 イㇷ゚ク (入口)

집 사과나무 チㇷ゚ サグヮナム
(リンゴの家)

맛있는 밥집 マシンヌン パㇷ゚チㇷ゚
(おいしい飯屋)

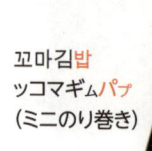

꼬마김밥 ッコマギㇺパㇷ゚
(ミニのり巻き)

ㄷ → 上(初声) 下(終声)
　　　　t　　　t

タオルの[t]です。これも音は同じですね。「ッ」と発音すればよいです。

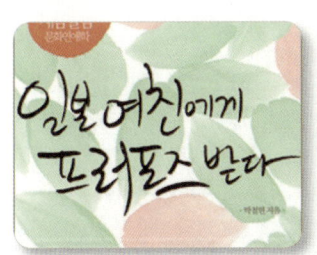

싣 = ㅅ + ㅣ + ㄷ
シッ[siᵗ]　[s]　[i]　[ᵗ]

프러포즈 받다 プロポデュパッタ
(プロポーズを受ける)

사랑을 믿다 サランウル ミッタ
(愛を信じる)

과외받기 クヮウェパッキ
(課外授業)

걷기여행 コッキヨヘン
(徒歩旅行)

ㄹ → | 上(初声) | 下(終声) |
| r | l |

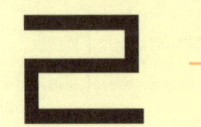

「ㄹ」は**ラセンカイダンの[r]**ですね。ただし、パッチムのときは[r]ではなく、**[l]**という発音になります。

> 日本語の「ラ、リ、ル、レ、ロ」の[r]と、[l]の区別はないのであまり意識しなくても大丈夫。

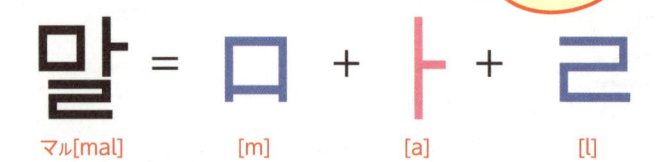

말 = ㅁ + ㅏ + ㄹ

マル[mal]　[m]　[a]　[l]

마일드 커피 マイルドゥコピ
(マイルドコーヒー)

밀가루 ミルカル(小麦粉)

참이슬 チャミスル(チャミスル)

불고기 プルゴギ(焼き肉)

ㅈ → 上(初声) tʃ　下(終声) t

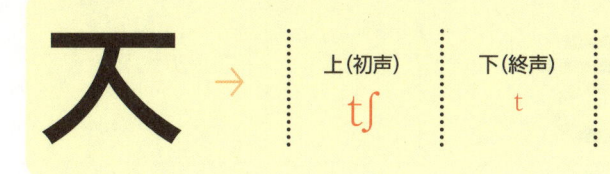

スウォッチの[tʃ]は、パッチムのときには[t]になります。これも「ッ」の音でOKです。

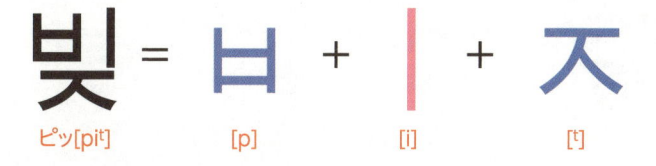

빛 = ㅂ + ㅣ + ㅈ
ピッ[piᵗ]　[p]　[i]　[t]

누구 젖 ヌグ チョッ
(誰のおっぱい)

굿바이, 빚 クッパイ、ピッ
(グッドバイ、借金)

늦지 않았다
ヌッチ アナッタ
(遅くなかった)

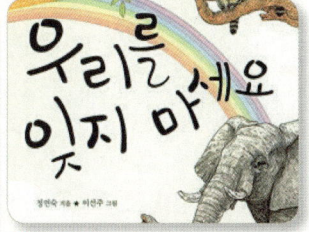

잊지 마세요 イッチ マセヨ
(忘れないでください)

4章 パッチムをマスターしよう

ㅎ → 上(初声) ｜ 下(終声)
　　　　h　　　① t　② ‑

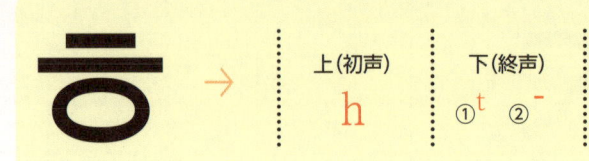

「ㅎ」は**フタの**[h]と覚えましたね。パッチムのときは、「ッ [t]」の音になるか発音されない場合もあります。その違いはあまり気にしなくて大丈夫！

좋 = ㅈ + ㅗ + ㅎ
チョッ[tʃot̚]　[tʃ]　　[o]　　[t̚]

정말 좋아요 チョンマルチョアヨ
(本当にいいです)

さぁ、いかがでしたか？　パッチムとして使われる文字は多いですけど、実際に発音の種類は多くありません。

まとめておきましょう。

パッチムに使われる文字	そのときの発音
ㅂㅍ	[p]
ㄷㅅㅈㅎ	[t]
ㄱㅋ	[k]
ㅁ	[m]
ㄴ	[n]
ㅇ	[ŋ]
ㄹ	[l]

つまり、「子音5兄弟」のうちの「ㄱ, ㄴ, ㅁ」はそのまま、「ㅇ」が「アンパン」の「ン」の音に、「ㅅ」が[t]になるだけです。「子音の仲間たち」も「ㅈ, ㅎ」が[t]に変わるぐらいと思っておけばいいのです。

コラム❷

仮名のハングル表記法

P.50の「ハングルで自分の名前を書こう」に活用してください。

かな ←――――――――→ ハングル

ア	イ	ウ	エ	オ		아	이	우	에	오
カ	キ	ク	ケ	コ	a 語頭	가	기	구	게	고
					b 語中・語末	카	키	쿠	케	코
サ	シ	ス	セ	ソ		사	시	스	세	소
タ	チ	ツ	テ	ト	a 語頭	다	지	쓰	데	도
					b 語中・語末	타	치	쓰	테	토
ナ	ニ	ヌ	ネ	ノ		나	니	누	네	노
ハ	ヒ	フ	ヘ	ホ		하	히	후	헤	호
マ	ミ	ム	メ	モ		마	미	무	메	모
ヤ		ユ		ヨ		야		유		요
ラ	リ	ル	レ	ロ		라	리	루	레	로
ワ				ヲ		와				오
ッ			ン			ㅅ			ㄴ	
ガ	ギ	グ	ゲ	ゴ		가	기	구	게	고
ザ	ジ	ズ	ゼ	ゾ		자	지	즈	제	조
ダ	ヂ	ヅ	デ	ド		다	지	즈	데	도
バ	ビ	ブ	ベ	ボ		바	비	부	베	보
パ	ピ	プ	ペ	ポ		파	피	푸	페	포
キャ		キュ		キョ	a 語頭	갸		규		교
					b 語中・語末	캬		큐		쿄
ギャ		ギュ		ギョ		갸		규		교
シャ		シュ		ショ		샤		슈		쇼
ジャ		ジュ		ジョ		자		주		조
チャ		チュ		チョ	a 語頭	자		주		조
					b 語中・語末	차		추		초
ニャ		ニュ		ニョ		냐		뉴		뇨
ヒャ		ヒュ		ヒョ		햐		휴		효
ビャ		ビュ		ビョ		뱌		뷰		뵤
ピャ		ピュ		ピョ		퍄		퓨		표
ミャ		ミュ		ミョ		먀		뮤		묘
リャ		リュ		リョ		랴		류		료

5章

似て非なる
激音、濃音

5章 似て非なる激音、濃音

韓国語の子音の中には、「ㅋ, ㅌ, ㅍ, ㅊ」や「ㄲ, ㄸ, ㅃ, ㅆ, ㅉ」など、平音と形も発音も少しずつ違うものがあります。そういえば仮名も「カ」と「ガ」、「ハ」と「パ」と「バ」は形も発音も少しずつ違いますね。

1 激音

それでは、まず、激音という子音字を見てみましょう。
激音はすでに覚えてきた文字に毛が生えたようなものです。

いきなり問題です。

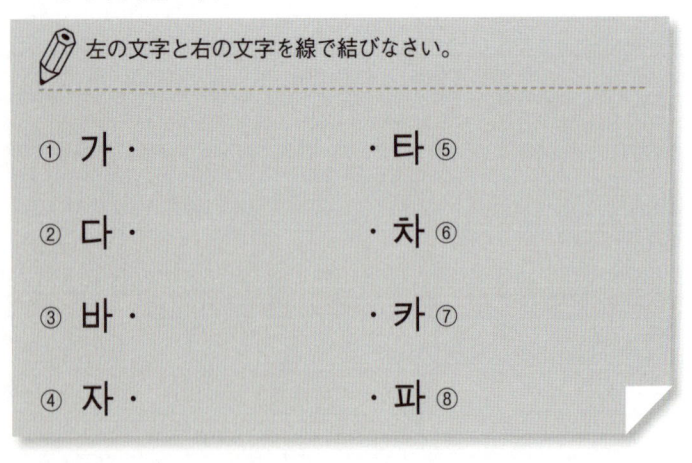

> ✏️ 左の文字と右の文字を線で結びなさい。
>
> ① 가 ・　　　　・ 타 ⑤
>
> ② 다 ・　　　　・ 차 ⑥
>
> ③ 바 ・　　　　・ 카 ⑦
>
> ④ 자 ・　　　　・ 파 ⑧

【答え】①—⑦、②—⑤、③—⑧、④—⑥　左の文字は今まで勉強してきたものです。「가」は「カ[ka]」、「다」は「タ[ta]」、「바」は「パ[pa]」、「자」は「チャ[tʃa]」でしたね。

毛が生えたら 思いっきり 息を出して 激音に

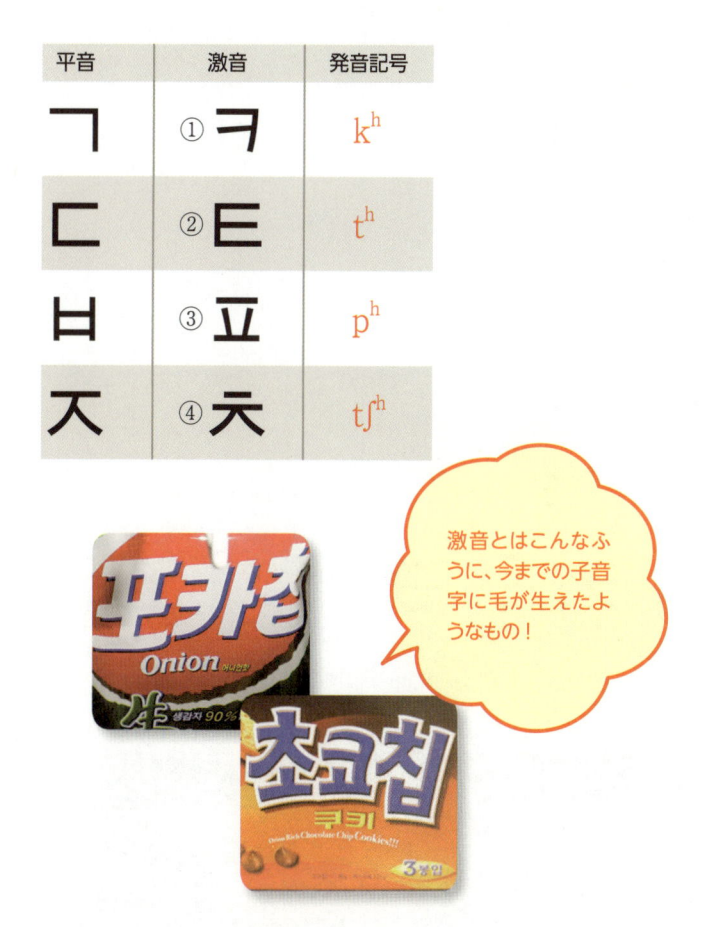

平音	激音	発音記号
ㄱ	① ㅋ	k^h
ㄷ	② ㅌ	t^h
ㅂ	③ ㅍ	p^h
ㅈ	④ ㅊ	$tʃ^h$

> 激音とはこんなふうに、今までの子音字に毛が生えたようなもの！

激音は元の文字に毛が生えただけです！

発音の仕方はろうそくの火を吹き消すつもりで、息をいっぱい出します。4文字はいずれも空気をいっぱい出してください。

5章 似て非なる激音、濃音

5章 似て非なる激音、濃音

　激音は、平音に横棒（点）が一つ加わるだけです。「ㅍ」だけはちょっと違いますけどね。

ㄱ→ㅋ　　　ㄷ→ㅌ　　　ㅈ→ㅊ

　だから覚えやすいはずです。ではこの4つの激音を一つずつ見ていきましょう。

❶息を強く出しながら「ㄱ」（カマの[k]）

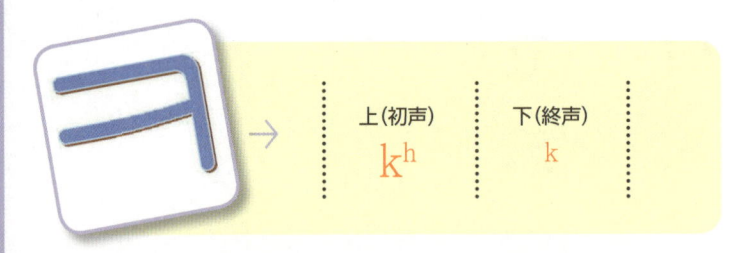

ㅋ → | 上（初声） | 下（終声） |
| k^h | k |

카 키 쿠 크 케 캐 코 커
カ キ ク ク ケ ケ コ コ
[$k^h a$] [$k^h i$] [$k^h u$] [$k^h ɯ$] [$k^h e$] [$k^h ɛ$] [$k^h o$] [$k^h ɔ$]

카스 カス

코카콜라 コカコルラ（コカコーラ）

❷息を強く出しながら「ㄷ」(タオルの[t])

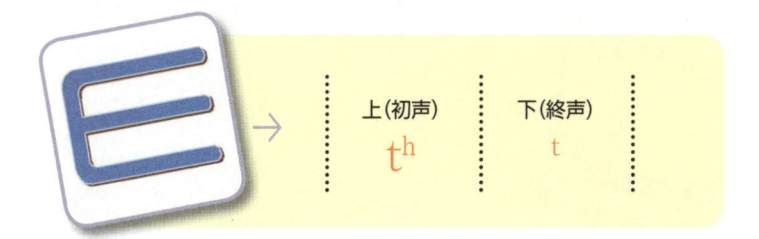

ㅌ →

上(初声)	下(終声)
tʰ	t

타 티 투 트 테 태 토 터
タ　ティ　トゥ　トゥ　テ　テ　ト　ト
[tʰa] [tʰi] [tʰu] [tʰɯ] [tʰe] [tʰɛ] [tʰo] [tʰɔ]

타는곳 タヌンゴッ(乗り場)

브라이트닝 プライトゥニン
(ブライトニング)

비타 ピタ(ビタ)

토마토 トマト(トマト)

5章　似て非なる激音、濃音

❸息を強く出しながら「ㅂ」(パッとの[p])

피 → 上(初声) p^h 　下(終声) p

파 피 푸 프 페 패 포 퍼
パ ピ プ プ ペ ペ ポ ポ
[pʰa] [pʰi] [pʰu] [pʰɯ] [pʰe] [pʰɛ] [pʰo] [pʰɔ]

풍금 プングム(オルガン)

피터팬 ピトペン(ピーターパン)

프로야구 プロヤグ(プロ野球)

포장마차 ポジャンマチャ(屋台)

❹ 息を強く出しながら「ㅈ」(スウォッチの[tʃ])

ㅊ → 上(初声) tʃʰ　下(終声) t

차	치	추	츠	체	채	초	처
チャ	チ	チュ	チュ	チェ	チェ	チョ	チョ
[tʃʰa]	[tʃʰi]	[tʃʰu]	[tʃʰɯ]	[tʃʰe]	[tʃʰɛ]	[tʃʰo]	[tʃʰɔ]

수염차 スヨムチャ (トウモロコシのひげ茶)

천천히 チョンチョニ (ゆっくり)

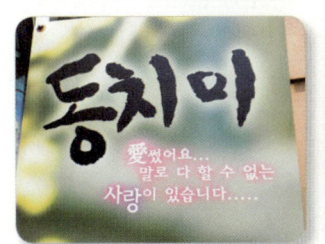

동치미 トンチミ (キムチの一種)

초밥집 チョバプチプ (寿司屋)

2 濃音

先ほどまでは「毛が生えた激音」でしたが、今度は「濃音」です。

ハングルの文字の中には、「ㄲ, ㄸ, ㅃ, ㅆ, ㅉ」などのように、「ㄱ, ㄷ, ㅂ, ㅅ, ㅈ」の文字を二つ重ねて書く子音字があります。これが濃音です。音が濃いということで、文字も二つ重ねて濃く書くわけです。

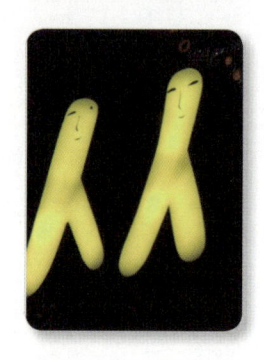

「ㄱ（カマの[k]）」、「ㄷ（タオルの[t]）」、「ㅂ（パッとの[p]）」、「ㅅ（サクランボの[s]）」、「ㅈ（スウォッチの[tʃ]）」を、喉を詰まらせるようにして発音すれば、それぞれ「ㄲ, ㄸ, ㅃ, ㅆ, ㅉ」の発音になります。

> 濃音は、アニメ「魔法使いサリーちゃん」の親友のよっちゃんみたいに、ダミ声を出せばいいんですよ！

濃音は 音も文字も濃いんです

平音	濃音	発音記号	発音例
ㄱ	① ㄲ	$^?k$	がっかりの「っか」
ㄷ	② ㄸ	$^?t$	ばったりの「った」
ㅂ	③ ㅃ	$^?p$	やっぱりの「っぱ」
ㅅ	④ ㅆ	$^?s$	あっさりの「っさ」
ㅈ	⑤ ㅉ	$^?t\int$	ぽっちゃりの「っちゃ」

　では、以前に出てきた子音の覚え方のおさらいもしながら、5つの濃音を見ていきます。

5章 似て非なる激音、濃音

❶ 喉をつまらせながら「ㄱ」(カマの[k])

「ㄱ」はカマの[k]　ㄱ → kama → k　でしたね!

ㄲ →

上(初声)	下(終声)
ʔk	k

까　끼　꾸　끄　께　깨　꼬　꺼
ッカ　ッキ　ック　ック　ッケ　ッケ　ッコ　ッコ
[ʔka]　[ʔki]　[ʔku]　[ʔkɯ]　[ʔke]　[ʔkɛ]　[ʔko]　[ʔkɔ]

꼬깔콘 ッコッカルコン
(とんがりコーン)

꿀 ックル (はちみつ)

깨소금
ッケソグム
(ゴマ塩)

꽃
ッコッ
(花)

783-7479

❷喉をつまらせながら「ㄷ」(タオルの[t])

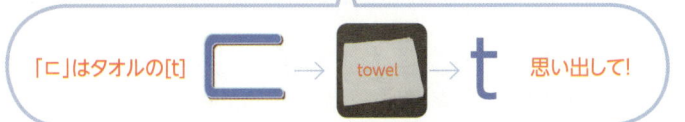

「ㄷ」はタオルの[t]　ㄷ → towel → t　思い出して!

ㄸ →

上(初声)	下(終声)
ʔt	t

따 띠 뚜 뜨 떼 때 또 떠

ッタ　ッティ　ットゥ　ットゥ　ッテ　ッテ　ット　ット
[ʔta]　[ʔti]　[ʔtu]　[ʔtɯ]　[ʔte]　[ʔtɛ]　[ʔto]　[ʔtɔ]

따로국밥 ッタロクッパㇷ゚(タロクッパ)

떡 ットㇰ(餅)

떡볶이 ットㇰポッキ(トッポギ)

뚝배기 ットゥㇰペギ(土鍋)

❸ 喉をつまらせながら「ㅂ」(パッとの[p])

ㅂ → patto → p

この文字はマッチ箱のうえにパッと火がついた形でしたね。

ㅃ →

上(初声)	下(終声)
ˀp	-

빠	삐	뿌	쁘	뻬	빼	뽀	뻐
ッパ	ッピ	ップ	ップ	ッペ	ッペ	ッポ	ッポ
[ˀpa]	[ˀpi]	[ˀpu]	[ˀpɯ]	[ˀpe]	[ˀpɛ]	[ˀpo]	[ˀpɔ]

아빠가 필요해
アッパガ ピリョヘ (パパがほしい)

뽀뽀 ッポッポ (チュー)

빵 ッパン (パン)

빼빼로 ッペッペロ (ポッキー)

❹喉をつまらせながら「ㅅ」(サクランボの[s])

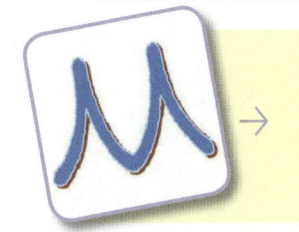

「ㅅ」はサクランボのs ㅅ → 🍒 sakurambo → S

ㅆ → 上(初声) ˀs ／ 下(終声) t

싸	씨	쑤	쓰	쎄	쌔	쏘	써
ッサ	ッシ	ッス	ッス	ッセ	ッセ	ッソ	ッソ
[ˀsa]	[ˀsi]	[ˀsu]	[ˀsɯ]	[ˀse]	[ˀsɛ]	[ˀso]	[ˀsɔ]

날씨 ナルッシ(天気)

레쓰비 レッスビ(Let's be)

일반쓰레기 イルバンッスレギ (燃えるゴミ)

쌈지길 ッサムジギル (サムジ通り)

5章 似て非なる激音、濃音

5章 似て非なる激音、濃音

⑤ 喉をつまらせながら「ㅈ」（スウォッチの [tʃ]）

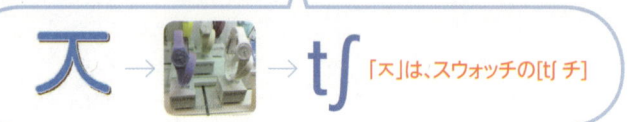

ㅈ → → tʃ 「ㅈ」は、スウォッチの [tʃ チ]

ㅉ →

上（初声）	下（終声）
ʔtʃ	-

짜 찌 쭈 쯔 쩨 째 쪼 쩌

ッチャ　ッチ　ッチュ　ッチュ　ッチェ　ッチェ　ッチョ　ッチョ

[ʔtʃa]　[ʔtʃi]　[ʔtʃu]　[ʔtʃɯ]　[ʔtʃe]　[ʔtʃɛ]　[ʔtʃo]　[ʔtʃɔ]

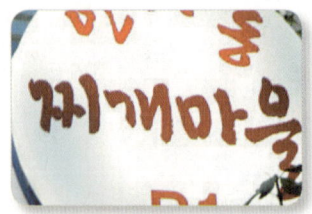

찌개마을 ッチゲマウル（チゲ村）

꽃게찜 ッコッケッチム
（蒸しワタリガニ）

짜짜로니
ッチャッチャロニ
（チャチャロニ）

짬뽕
ッチャムッポン
（ちゃんぽん）

6章

ダブル母音と
ダブルパッチム

ハングル文字の中には、二つの母音文字(「ㅗ+ㅏ=ㅘ」など)や二つの子音文字(「ㄹ+ㄱ=ㄺ」など)が並んでいるものがあります。ここではそれを**ダブル母音(合成母音、二重母音)、ダブルパッチム(二重子音)**と呼びます。

1 ダブル母音

　ハングルには1文字に「와(←오+아)」、「워(←우+어)」のように母音がダブルで入っているものがあります。そんなときは、元の二つの母音に分けて、最初の母音は[w]で、次の母音は元通り発音すればいいのです。

ダブル母音はダブリュー(w)

와 = 오 + 아 = [wa] = ワ
　　[o→w]　[a]

와우 세가지맛
ワウ セガヂマッ(わ! 三つの味)

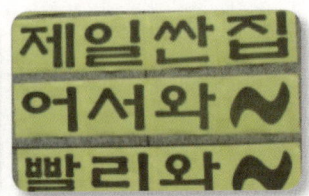

어서와 オソワ(早く来てね)

워 = 우 + 어 = [wɔ] = ウォ
　　　[u→w]　[ɔ]

워크샵 ウォクシャプ
(ワークショップ)

삼천원
サムチョンウォン
(3千ウォン)

6章 ダブル母音とダブルパッチム

1

오の仲間　와　외　왜

ㅗ [o]が入っているもの

ㅗ + ㅏ [a] = 와　オア→[wa ワ]
　　 ㅣ [i] = 외　オイ→[we ウェ]*
　　 ㅐ [ɛ] = 왜　オエ→[wɛ ウェ]

*この文字だけは読み方が変わっています。

화 = ㅎ + ㅗ + ㅏ
[hwa]　[h]　[o→w]　[a]

この「화」という字は「ㅎ[h]」の初声と「ㅗ[o→w]」と「ㅏ[a]」との組み合わせからできています。これを全部足すと、「ㅎ[h]+ㅗ[o→w]+ㅏ[a]」ということで「화[hwa]」、つまり**「ファ」**になります。

화장실 フワヂャンシル（トイレ）

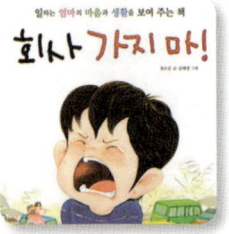

좌측통행 チュワチュクトンヘン（左側通行）

돼지 トゥエヂ（豚）

회사 가지 마! フェサカヂマ（会社に行かないで）

② 우の仲間 워 위 웨

ㅜ [u]が入っているもの

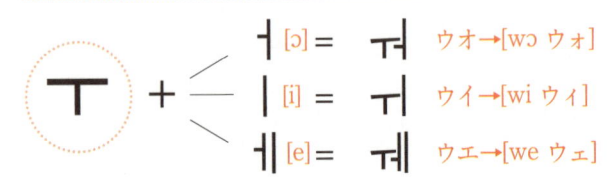

ㅜ + ㅓ[ɔ] = ㅝ　ウオ→[wɔ ウォ]
　　 ㅣ[i] = ㅟ　ウイ→[wi ウィ]
　　 ㅔ[e] = ㅞ　ウエ→[we ウェ]

近年、韓国では「에[e]」と「애[ɛ]」の発音を区別しなくなりましたが、「왜[wɛ], 외[we], 웨[we]」の場合も同様で、3つとも唇を丸めて前に突き出して**「ウェ」**と発音すれば大丈夫です。

$$뭐 = ㅁ + ㅜ + ㅓ$$

[mwɔ]　　[m]　　[u→w]　　[ɔ]

　この「뭐」という字は「ㅁ[m]」の初声と「ㅜ[u→w]」と「ㅓ[ɔ]」との組み合わせからできています。これを全部足すと、**「ㅁ[m]+ㅜ[u→w]+ㅓ[ɔ]」**ということで**「뭐[mwɔ]」**、つまり**「ムォ」**になります。

원 사우나 ウォン サウナ
（ワンサウナ）

하이웨이 호텔 ハイウェイホテル
（ハイウェイホテル）

쉬는 시간에 シュィヌン シガネ
（休み時間に）

위너스인디고 ウィノス インディゴ
（ウィナーズインディゴ）

6章　ダブル母音とダブルパッチム

③ 二重母音 의

　母音文字が二つ重なってできたものの中には、上の①②と違うものが一つあります。これは「ㅡ[ɯ]」と「ㅣ[i]」が組み合わせからできた「의」というもので、「ㅡ[ɯ]」と「ㅣ[i]」をすばやく発音します。

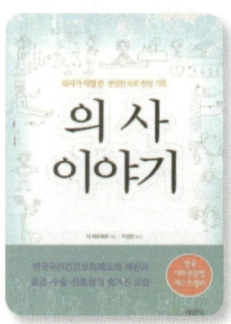

$$ㅢ = ㅡ + ㅣ = [ɯi] = ウイ$$

의사 이야기 **ウイサイヤギ**
(医者物語)

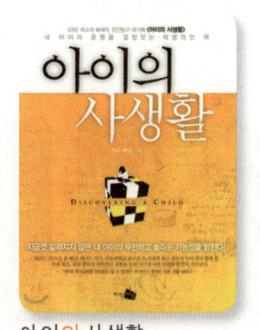

아이의 사생활
アイエ サセンファル
(子どもの私生活)

> 同じ「의」でも助詞の場合は[에 エ]という発音になるよ!

2 ダブルパッチム

　ハングル文字の中には「값」、「닭」などのようにパッチムが二つもつくものがあります。これはいっしょに発音することができず、実際には一つしか発音されません。

表記	発音	発音	意味
값	[갑]	カプ	値段
닭	[닥]	タク	鶏

※[ ]内は発音の通りにハングルを表記した場合のものです。

달걀 한 개의 값 タルギャル ハン ゲエ カプ (卵一つの値段)

찜닭 ッチムダク (蒸し鶏)

　おおよそ次のような規則があります。

① 左の文字を読む場合

	読むもの	用例
ㄵ・ㄶ	ㄴ[n]	앉다 [안따] アンタ (座る)
		않다 [안타] アンタ (〜ない)
ㄺ・ㅀ	ㄹ[l]	떪다 [떨따] ットルッタ (渋い)
		앓다 [알타] アルタ (病む)
ㅄ	ㅂ[p]	값 [갑] カプ (値段)
		없다 [업따] オプタ (ない)

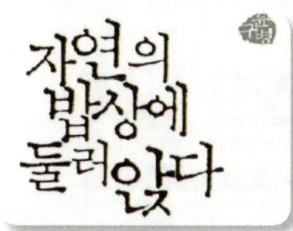

값 = ㄱ + ㅏ + ㅂ + ㅅ
[kaᵖ]　[k]　[a]　[p(○)]　[s(×)]

자연의 밥상에 둘러앉다
チャヨネ パプサンエ トゥルロ アンタ
(自然の食卓を囲む)

병은 없다 ピョンウン オプタ
(病いはない)

② 右の文字を読む場合

	読むもの	用例
ㄺ	ㄱ [k]	닭 [닥] タク(鶏)
		흙 [흑] フク(土)
ㄻ	ㅁ [m]	삶 [삼] サム(生)
		앎 [암] アム(知識)

> 数字の「20」に似ている「ㄻ」、「27」に似ている「ㄺ」だけは右を読むんだな!

$$닭[ta^k] = ㄷ[t] + ㅏ[a] + ㄹ[l(×)] + ㄱ[k(○)]$$

흙과뜨락 フクックァ ットゥラク
(土と庭)

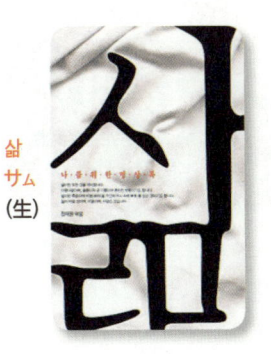

삶
サム
(生)

ただし、ダブルパッチムでもあとに母音文字が続く場合は、連音化現象 (P.128) が起きます。

表記	発音	発音	意味
값이	[갑씨]	カプシ	値段が
맑음	[말금]	マルグム	晴れ

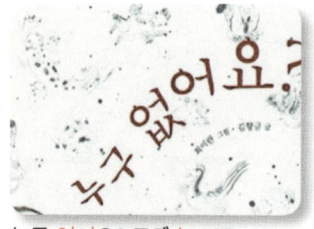

누구 없어요? ヌグ オプソヨ
(だれかいませんか)

도쿄 맑음
トキョ マルグム
(東京晴れ)

야채 부족하지 않으세요
ヤチェ プヂョカヂ アヌセヨ
(野菜不足していませんか)
※パッチムが「ㄶ」の場合、「ㅎ」は発音しません。

7章

これだけは覚えておきたい発音規則

韓国語の発音は、日本語と同じく前後の発音の影響で発音が変わることがあります。ここではいちばん使用頻度の高い二つの発音規則だけ覚えておきましょう。

1 アナダ、ワダシの法則
〈有声音化〉

韓国人は日本語を習ってしゃべるとき、よく「アナダ」「ワダシ」と、清音（無声音）のところを濁音（有声音）で発音してしまう傾向があります。それは韓国語において母音の間に挟まっている無声音を有声音で発音するからです。

부부　ププ→プブ　夫婦

「ㄱ」「ㄷ」「ㅂ」「ㅈ」は文字の置かれる位置によって発音が変わります。つまり、

**語頭では日本語の清音のように澄んだ音（無声音）で、
語中では日本語の濁音のように濁った音（有声音）になります。**

表記	発音	発音	意味
구구	[kugu]	クグ	九九
부부	[pubu]	プブ	夫婦

> 同じ文字でも発音が違うんだね！

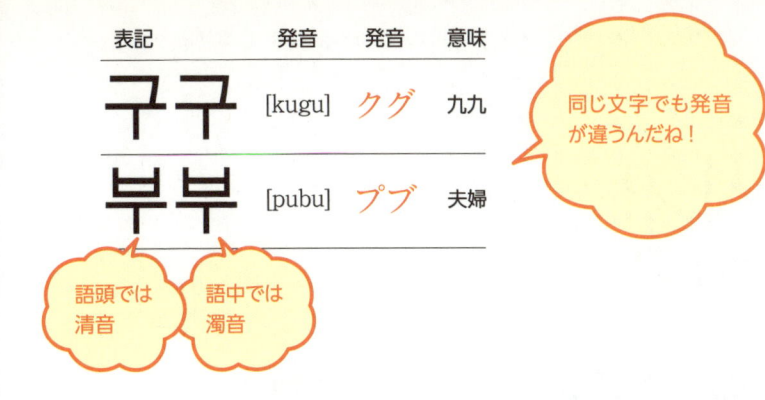

- 語頭では清音
- 語中では濁音

「구구」と「부부」の場合、2文字とも同じ文字ですが、語頭と、語中では発音が違います。以下のような場合も。

表記	発音	意味
구기	クキ→クギ	球技
기구	キク→キグ	器具

다시다 タシダ
(ダシ、調味料)

바보사랑 パボサラン
(馬鹿な恋)

> これは「パポ」ではなく、「パボ」になるわけだな！

7章 これだけは覚えておきたい発音規則

ただし、「ㅅ [s]」と「ㅎ [h]」は語頭でも語中でも濁りません。

表記	発音	意味
사기	サギ	詐欺
기사	キサ	記事

스타스포 スタスポ
(スタースポーツ)

마을버스 マウルポス
(地域内バス)

「サ」行と「ハ」行だけ例外って覚えておけばいいんです。

2 パイナップルの法則
〈連音化〉

「パイナップル」は「パイン (pine)」と「アップル (apple)」が合わさった語ですね。これを「パインアップル」と言わず、「パイナップル」と発音するのと同じく、韓国語においても、パッチムがある文字の次に母音(「ㅇ」の表記)で始まる文字がくると、前のパッチムの文字は次の音節の初声として発音されます。

これを連音化と言います。ただし、表記は変わりありません(※)。

※[ ]内は発音の通りにハングルを表記した場合のものです。

	表記	表記のままの発音	発音	実際の発音	意味
パッチムの文字を次の音節の初声として発音しますよ。	북어	プクオ	[부거]	プゴ	干しダラ
	음악	ウムアク	[으막]	ウマク	音楽

북어국　プゴクッ
(ブゴク、干しダラスープ)

女性のお肌によいと話題の「ブゴクッ（プゴクッ）」の「ブゴ（プゴ）」も元々は「プクオ」だったね。

ただし、終声の字母が「ㅇ」のときは連音化せずに発音します。

	表記	発音	表記のまま発音	意味
「ㅇ」はパッチムのときは「アンパンのン」の音でしたね。	종이	[종이]	チョンイ	紙
	방에	[방에]	パンエ	部屋に

1時間でハングルが読めるようになる本

ヒチョル式 超速ハングル覚え方講義

2011年9月6日　第1刷発行
2021年4月8日　第26刷発行

著　者	チョ・ヒチョル
撮　影	学研写真部
編集・プロデュース	木村敬一
ブックデザイン	高橋コウイチ（WF）
協　力	サムデイ
発行人	中村公則
編集人	滝口勝弘
発行所	株式会社学研プラス 〒141-8415 東京都品川区西五反田2-11-8
DTP製版	株式会社明昌堂
印刷所	大日本印刷株式会社
製本所	株式会社難波製本

〈この本に関する各種お問い合わせ先〉
●本の内容については、
　下記サイトのお問い合わせフォームよりお願いします。
　https://gakken-plus.co.jp/contact/
●在庫については
　☎03-6431-1199（販売部）
●不良品（落丁、乱丁）については
　☎0570-000577
　学研業務センター
　〒354-0045 埼玉県入間郡三芳町上富279-1
●上記以外のお問い合わせは
　☎0570-056-710（学研グループ総合案内）

©Gakken Publishing Co.,Ltd 2011 Printed in Japan

本書の無断転載、複製、複写(コピー)、翻訳を禁じます。
本書を代行業者等の第三者に依頼してスキャンやデジタル化することは、
たとえ個人や家庭内の利用であっても、著作権法上、認められておりません。

学研の書籍・雑誌についての新刊情報・詳細情報は、下記をご覧ください。
学研出版サイト　https://hon.gakken.jp/